U0002381

高敏感是種超能力

Emma Lauer
艾瑪・勞爾——著

石一久——譯

DBT Skills for Highly Sensitive People

Make Emotional Sensitivity Your Superpower
Using Dialectical Behavior Therapy

疼惜自我，與情緒做朋友，善用與生俱來的天賦

「艾瑪・勞爾在《高敏感是種超能力》中介紹的概念非常成功。身為飲食障礙症專家與創傷治療專家，我在過去二十年間看過太多個案因為創傷所導致的症狀以及高度敏感的性格而遭到『過度診斷』。艾瑪所寫的這本書，為這些敏感人士提供了全面性的指引，引導他們學習情緒調節，練習自我照顧，並且將他們敏感的天性重新定義為一項優點，而非缺點，亦非為了維持他人的愉悅而必須壓抑的性格特質。每位治療師的書架上都應該要有一本《高敏感是種超能力》！」

——唐恩・德爾加多（Dawn Delgado），婚姻及家庭治療師、經認證之飲食障礙症專家暨IAEDP[*1]認可指導員、經認證之「眼動減敏與歷程更新（Eye Movement Desensitization and Reprocessing，簡稱EMDR）」治療師、EMDR聯合診所（EMDR Collective）創辦人、經IAEDP認證之飲食障礙症專家，以及經EMDRIA[*2]認證之EMDR創傷治療專家。

---

* 註1：IAEDP為國際飲食障礙症專業人員協會（the International Association of Eating Disorders Professionals Foundation）之縮寫。
* 註2：EMDRIA為EMDR國際協會（EMDR International Association）之縮寫。

「艾瑪‧勞爾所寫的《高敏感是種超能力》是一部專為高敏感族群量身打造的創新顛覆之作，它充分說明了可以如何應用辯證行為治療（Dialectical Behavior Therapy，簡稱DBT）的概念來了解自己的天性！這本書的問世不僅可以幫助到非常多人，所涉及的內容也是在治療領域中亟需探討的主題！」

——珍妮佛‧羅林（Jennifer Rollin），社工系碩士、臨床社工師、飲食障礙症中心（The Eating Disorder Center）創辦人，以及《甩開飲食障礙症，你不可不知的最新內幕》（The Inside Scoop on Eating Disorder Recovery，暫譯）共同作者。

「這本書為高敏感者（Highly Sensitive Person，簡稱HSP）提供了存取內在GPS以及運用自身情緒和想法來指引人生方向所需要的工具。艾瑪‧勞爾告訴我們，對情緒敏感以及繼之產生的同理心和同情心，是高敏感者所具備的天賦，也是他們為這個世界所帶來的禮物。」

——安妮塔・強斯頓（Anita Johnston）博士、《月光伴我食》（*Eating in the Light of the Moon*，暫譯）作者、均衡攝取飲食障礙症計畫（Ai Pono[*3] Eating Disorder Programs）之執行臨床指導人，以及月光咖啡（Light of the Moon Cafe）創辦人

「《高敏感是種超能力》不只是一本自助類書籍，它更像是一個親切的擁抱。在這個將情緒敏感度視為缺點的社會中，艾瑪提出了一種令人耳目一新的全新定義。她邀請我們把自身的敏感當成一種超能力來使用，並提供實用的工具來幫助我們更有效地調節情緒。如果你曾經跟情緒起衝突，別漏掉這本書。它會改變你的一生。」

——潔米・卡斯蒂羅（Jaime Castillo），臨床社工師、治療師、找回你的風采（Find Your Shine Therapy）診所創辦人、經EMDRIA認可諮商師，以及《你為何焦慮？》（*What Happened to Make You Anxious?* 暫譯）作者。

＊註3：Ai Pono 為夏威夷語，其中「Ai」原意為「攝取或滋養」，「Pono」原意為「均衡、和諧、簡單及完整」。

「《高敏感是種超能力》是一本對於每個曾經覺得自己太敏感、太情緒化、反應太過頭的人，都非常有幫助的好書。勞爾在這本書中介紹了很多你可以從今天開始使用的簡易工具。如果你正在尋找一本能夠幫助你接受自己敏感的本性，並且把它轉變成一件好事的書，這就是你在找的那本書。」

——惠特妮・古德曼（Whitney Goodman），婚姻及家庭治療師，以及《哇！人生超讚der！（才怪）》作者

謹以本書向我的個案致敬
——特別獻給敏感族群

目錄

🍃 前言

　　身為治療師，我在執業期間以及私生活中曾經遇見過許多人，這些人深切地體認到自己很容易被情緒糾纏，不曉得該如何處理狂暴的情緒，而且不知怎地，還同時覺得自己的情緒既「反應過頭」，卻又稍嫌不足。這種種感受會讓人誤以為自己有缺陷，但事實恰恰相反。我往往會想要抓住這些人的肩膀，認真地對他們說：「你其實很棒！我一點都不覺得你須要改變。」這些人是我的個案、朋友以及家人，他們擁有熱情、創意、洞察力與同理心，有他們在身邊是一件很開心的事。而這些人就是高敏感族群。

　　「高敏感者（Highly Sensitive Person，簡稱HSP）」一詞是由心理學家伊蓮‧艾融（Elaine Aron）所創，她在一九九五年出版的暢銷書書名就叫做高敏感者。根據艾融的估計，全世界大約有百分之二十的人符合她所提出的、具有多項明確

標準的**高敏感**定義。艾融所形容的高敏感者，是對於周遭環境帶有敏銳的意識、能夠仔細接收到許多細節資訊，包括他人可能不會注意到的細微線索，因此容易過度受到刺激，也會產生深刻的情緒共感以及高度情緒反應的人。這意味著，高敏感者的情緒感受會來得又快又強烈（Aron 1995）。

　　這樣的敘述也許有一部分能引起你的共鳴，某一部分則不然。而無論你現在所認知到的「情緒敏感」是什麼樣子，我都希望能透過這本書來帶領你去重新定義你看待自身情緒敏感度的各各層面，更希望能讓你學會如何有利地運用情緒敏感度，發揮它本身所具備的超能力。我想要你認同你的特別之處，我想讓你看見，擁有敏感這項天賦使你在各方面都能有良好的表現。身為高敏感族群對於你以及你身邊的每一個人來說，都是一分巨大的贈禮。這並不表示我不想讓你覺得自己有能力去跨越那些必將隨著高敏感天賦而來的挑戰。我真正想要做到的，是讓你感受到你擁有你所需要的能力，可以讓你在面對與自己和他人的關係時、在工作的表現上，

以及追求自我目標的過程，發揮出你想展現的力量。我想要讓你感受到，你可以充分利用情緒帶給你的禮物。

　　我希望能讓你覺得，身為一個對事物擁有強烈且敏銳感受的人，是一件好事。這會使你生活中的各種面向更加充滿生氣。我也希望你能學會如何善加利用這項特質，而要做到這一點，你必須學著去了解，情緒敏感度現階段之所以讓你感到難受的原因。假如你不跟情緒當朋友、不學習運用情緒，那會怎麼樣？你有沒有注意過，情緒有時候會出乎意料地超出你的掌控？你有沒有發現到，嘗試一個又一個不同的應對技巧或許最終只會使你距離自己的目標更遠，而不是更加靠近？再說，你的目標究竟是什麼呢？在你與這分獨特的天賦相安無事的時候，你所想望的是什麼樣的生活？

　　辯證行為治療（dialectical behavior therapy，簡稱DBT）是構成本書基礎的一種療法，我們可以巧妙地應用很多來自DBT的技巧去處理高敏感族群普遍會遇到的困難。DBT其實是從認知行為治療（cognitive behavior therapy，簡稱

CBT）所衍生而來，認知行為治療是目前最受研究矚目的工具之一，因此，它也是在這數十年間最常被使用的治療工具之一。如果你曾經接受過治療，有些概念聽起來可能會有點熟悉——例如要了解你的想法、情緒和行為之間全都有所關聯之類的概念。DBT的特別之處在於，它是專門為了擁有高度情緒反應，而且不易調節情緒的人所設計的。DBT技巧與HSP是一套美妙的組合。根據你身為情緒敏感者的特殊需求來選用不同的DBT技巧，將能幫助你更加了解你的敏感、它是從何而來，以及被貼上敏感的標籤可能曾經對於你的成長過程產生什麼樣的影響。由此開始，我們將會深入探討更具實用性的技巧，讓你可以運用這些技巧來擴大你對強烈情緒的忍受度、嘗試透過語言和文字來表達情緒，並且利用身體來幫助自己進行調整。我們也會探討自我認可（self-validation）、你與他人之間的關係、你的身體健康與情緒健康之間的關聯，並理解你的目標與價值觀，以幫助你長期調節自己的情緒。

　　須要注意的是，DBT雖然可以用來幫助在許多方面飽受不同問題困擾的人們，但是它無法被用於進行精神健康診斷。舉例來說，強迫症（obsessive-compulsive disorder，簡稱OCD）和創傷後壓力症候群（post-traumatic stress disorder，簡稱PTSD）都須要在受過訓練的專業人員引導下，進行特殊的治療。

　　閱讀這本書的時候，我建議你準備一本日記簿，用它來回答這本書所提出的自省式問題並進行實際練習。請依照自己的步調去完成這些練習。有的時候，你要的答案很快就會出現；有的時候，則是要在你讀得更多、學得更多、反省得更多之後，答案才會一點一點地浮現。最重要的是，請保有好奇心。你可以先從只是好奇想知道自己能做出什麼改變、有哪些事情可以對自己更有幫助等等開始。請以開放的心態來面對能夠幫助你重新定義過去的自己對情緒敏感度所抱持的想法，以及有可能讓事情稍微往好的方向去發展的技巧。你之所以會拿起這本書，很有可能就是因為你想要試著把敏

感視為一種才能，而不是某種會阻礙你前進的絆腳石。至少，我想要幫助你從這樣的角度去重新定義你的敏感。

　　擁有適當的鼓勵與工具，你就可以學會怎麼讓情緒敏感度幫你加分，而不是害你被扣分。你從這本書裡學到的技巧將能幫助你跟情緒做朋友、了解情緒、調節情緒，讓你感覺自己更有掌控力；也能幫助你讀懂你的身體、學習自我撫慰（self-soothing），並且學會處理具有挑戰性的人際互動。我甚至還希望可以讓你了解到更多。我希望你可以因為你的敏感特質而心存感激，我想要你明白，敏感是一種天分。現在就讓我們開始吧！

第一章

運用DBT技巧，
將情緒敏感度變成
你的超能力

　　高敏感者的生活有時候或許會過得比較痛苦，但是也會更多采多姿、更光彩耀眼、更令人喜悅。這會使你比別人更善解人意，更容易與他人產生共鳴。你的情緒會與你的直覺相連，敏感會使你對於他人所無法輕易觸及的想法和感受產生更深的體悟。情緒敏感度也會為你的生活注入許多熱情。澎湃的感受會催生奔放的情感。話雖如此，你可能也會收到一些負面的意見回饋，或是遇到情緒管理方面的困難。如果是這樣，你可能會比較難把情緒敏感度視為一種天賦。但若你碰巧就是天生感受比別人深刻的人，要知道，你在很多方面都是個幸運兒。等學會怎麼讓情緒敏感度幫你加分，而不是害你被扣分之後，這一切會顯得特別有道理。而好消息是，我正好可以教你一些有助於讓情緒敏感度幫你加分的技巧。

　　這些技巧來自於DBT，所以我們就從DBT開始講起。讓我們一起來了解DBT是什麼，它又能夠如何幫助身為情緒敏感者的你吧。

🌿 什麼是DBT？

　　DBT指的是辯證行為治療，這是在一九八〇年代晚期由心理學家瑪莎・林納涵（Marsha Linehan）所設計出來的治療方式。林納涵發展出DBT這套療法的具體目的，是為了幫助人們管理情緒、學習正念（mindfulness）、改善人際關係，以及幫助人們有辦法承受得起痛苦與不幸。她最終的目標是希望他人，尤其是情緒敏感的人，能夠理解並學習去運用情緒，而非認為情緒才是主宰者。

　　假如你曾經有過情緒太激昂、難以駕馭，抑或是超出掌控範圍之外的感受，這段關於DBT的描述可能會令你頗有同感。當你因為情緒太過高漲或難以掌控，而無法以健康的方式來處理情緒，或者是在你的應對方式不足時，情緒便會透過各種出其不意的方法來自我宣洩。DBT幫助過各種類型的人們調節自我情緒、解決過形形色色的精神健康問題。而不論強烈的情緒在任何特定情況下呈現出什麼模樣，學習管理

情緒都是在執行完整治療過程中重要的一步。

　　DBT教導我們，情緒是向我們傳遞資訊的信使。與情緒間的契合度越高，就越能夠接收到這些訊息。即使是在情緒激動之時，一如許多高敏感族群會有的感受，這個道理也不會變。也許你所感受到的情緒強度讓你很難圓滑地應付不友善的對話、很難幫助自己的身心趨於平靜，抑或是難以在內心萌生煎熬情緒的時候安撫自己。DBT可以幫助你學習做到這些——善加利用情緒向你傳達的資訊，而不被情緒的力量或不可預測性給壓垮。更棒的是，DBT技巧是能夠證明其本身價值的有形、實質工具。

　　在本書後續章節中，你將會學到各種DBT技巧，來幫助你克服你認為身為HSP最具挑戰性的生活面向。這可能包括：學會管理你在人際相處過程中由於同理心及敏感度所引發的強烈情緒、學會安撫最痛苦或最極端的情緒、學會更有效地經營人際關係，抑或是讓你的整體生活感覺更加專注與平靜。也許你只是想要擁有比較正常、穩定、容易掌控的情

緒而已。如果你覺得自己的情緒很紛亂、會沒來由地突然浮現，或是讓你無從理解，DBT不僅可以幫助你調節這些情緒，更重要的是，它還能幫助你了解你的情緒，讓你和情緒保持友好關係，而不是自覺被情緒背叛。

DBT也教導我們，情緒敏感者的直覺能力強、富有創造力，是優秀的領袖型人物。請容我再次提醒，情緒敏感者所擁有的天賦是其他人所沒有的。你會比其他人更能夠靈敏地察覺出情緒所要傳達的資訊。擁有深刻的感受能為你的生命帶來豐富的層次，這是其他人所沒有機會獲得的，而你的同理心也會成為幫助你與他人建立起重要、長久關係的基礎。所以，在學習新技巧的過程中，儘管有些時候會感到不自在，還是要記得讚揚你的天賦。

辯證法是DBT的核心概念。「辯證（dialectical）」這個詞是花俏的哲學用語，意指藉由洞察表面上看似互相對立的兩件事物，在同時並存時會如何創造出一種較具全面性、較為平衡的新事實，以此來從一件事的所有面向去探討事實。

我們可以舉出很多種與情緒有關的辯證。舉例來說，我可以同時感到既興奮又緊張，我也可能同時覺得獲得解脫，卻又悲傷。在人際關係方面，我有可能對某人抱有感激之情，同時又對他／她懷有恨意。與自身情緒相契合的敏感人士，可能會更加敏銳地察覺這些辯證。你真的能夠對於特定情況所可能引發的慰藉、哀痛、激動、焦慮等諸多情緒**深有所感**——所有感受同時併發。

我們的人生經驗也存在著許多辯證，譬如說，美好的海外冒險之旅會帶來許多歡樂，但是在旅途過程中，令人感到孤單和恐懼的時刻也不少。再來，我們欣賞或重視的事物也能夠形成辯證。比方說，我重視安全與保障，**而**我同時也重視新奇的體驗與冒險精神。了解辯證法對於高敏感者非常有幫助，不懂辯證法的高敏感者可能很容易陷入認為自己「反應過度」的想法——這就好像在說，因為你的中心思想「有問題」，才會對事情產生這麼尖銳的感受。對HSP而言，從辯證法的角度來思考事情將能為你開啟思想的空間，提供機會

讓你練習接受多種事實可以同時成立的道理。練習運用辯證法來思考的方法之一是，不說「但是」改說「而」，這是一項來自DBT的練習（Linehan 2014）。舉例來說，「現況讓我覺得太過沉重與複雜，不知道該如何是好——而我的感覺無論有多強烈，都不會左右我最後決定採取的行動」。一句話的後半段不見得一定要否定掉前半段，前半段和後半段其實可以同時並存。當你開始運用辯證法來思考，就會發現辯證無處不在。

　　最後，當感受到強烈的情緒且難以控制，運用辯證法來思考事情也可以讓你更有彈性。運用辯證法可以使得容易激發你情緒的情況——例如與親近的人意見不合，或是意識到有某種強烈情緒正在開始讓你產生反應過度或困惑的感受——變得沒那麼令你絕望，你也會開始學習從不同角度來看待事情。痛苦的情緒會變得比較輕微，不會再從四面八方襲來。你可以更加完整地感受自己的體驗，不論那體驗是艱苦還是甜美。運用辯證法來思考事情——以及利用你將會學

到的其他DBT技巧，例如正念和自我撫慰——可以讓你擁有更多選擇，並且開啟解決困難情況及處理情緒的可能性。如果想要稍微減緩身為高敏感者有時會伴隨而來的痛苦——並且學習運用敏感這分天賦——DBT可以助你一臂之力。

🌿 DBT技巧

你可以把DBT想像成一分技能表，這些技能一共分成四個單元或四大類：正念、情緒調節（emotion regulation）、痛苦耐受（distress tolerance）與人際效能（interpersonal effectiveness）（Linehan 2014）。DBT技巧是構成DBT的基礎，也是我們透過這本書來學習調節情緒、利用情緒敏感度的天賦時將會著重說明的部分。本書內容涵蓋以上四個單元，每個單元都會教你一系列可以用來解決特定問題的技巧。不過基本上，每種DBT技巧的主旨都是要利用較為有益的做法來取代適應不良性應對策略（maladaptive coping strategies）。假如你目前採取的應對方法沒有效果，或是會不明所以地形成阻礙，我們可以教你一整套更為有效的DBT技巧。這些技巧雖然不是每一項都能萬用，不過你隨時都能有一長串的應對技巧可隨意挑選。接下來，就要進入我最喜歡的部分：運用較有幫助的應對機制來推動你前進，**打造一段值得活的人生。**

「值得活的人生」指的是一段不會像現在一樣痛苦的人生，也是一段能夠驅使你去追求你真正的價值與目標的人生。一旦進入了DBT所謂的**智慧心**（wise mind）境界（Linehan 2014），你便能夠在（1）承認及認可你的情緒──也就是理解並接納你的感受，而不是去對抗它、批判它，或者試圖壓抑它──以及（2）運用邏輯和推理來判斷，比如說，你現在的感覺是否完全正確？除了你最自然流露出的感受，面對目前的處境還有沒有其他的應變方式可取得平衡。如此一來，你會變得有能力促使自己去追尋目標，並幫助自己活出真正的價值。反觀有時候，在我們還不是那麼熟

悉這些技巧的時候，我們的感受和想法很容易會導致偏離我們想要獲得的結果。這就是DBT技巧所能為你做的。

　　接下來，就讓我們更深入地了解這四個單元，以及它們所能提供的具體協助吧。

正念

　　身為高敏感者，你每天都會接受到許多刺激。有時候，那種感覺就像是你吸收了周圍的一切，有好多資訊須要處理，讓你覺得招架不住、難以專心。正念指的是，在內心萌生內在體驗的時候，不帶批判性地觀察這些體驗的能力，它能幫助你感受到你在控制自己的心志，而不是反過來被心志牽著鼻子走。正念也可以幫助你練習穩定專注，讓你一次專心做好一件事——不管是照顧你的情緒、留意你的想法、注意周遭發生的事，抑或是全心全意地參與對話或者從事喜愛的活動。

情緒調節

　　這有可能會是你最常使用的一類技巧。情緒調節所涉及的是理解情緒、學習如何運用情緒，以及認識與你的想法、情緒和行為有關的任何模式，以便加以利用這些模式。假設你從現在開始記錄心情，你也許會發現你的心情曲線圖會隨著時間出現戲劇性的高低起伏。情緒調節技巧可以幫助你穩定心情，讓你更有能力掌控自己的情緒。不僅如此，你還會更加體認到情緒是朋友，縱使現在看來並非如此，然而情緒會傳達出關鍵的資訊，告訴你哪件事情很重要、必須留意什麼等等。有了這些技巧，你就能把情緒敏感度轉變為一種超能力，而不再覺得它是會反咬你一口或對你不利的沉重包袱。

痛苦耐受

　　我把這類技巧稱為「非到緊要關頭不用」的技巧。比起一般人，高敏感族群對於痛苦的感受更為敏銳。這件事本身

並不是件壞事。讓我再說一次，對痛苦的感受較為深刻，很可能代表著你對於驚奇、興奮和喜悅的感受也會比較深刻。擁有強烈的情緒敏感度只是一種與生俱來的特質，就像有些人天生個子高一樣。只不過，也許這種痛苦的感受強烈得令你難以招架，而你曾經學過或見識過的應對技巧也很有限，這便有可能導致你出現某些毀滅性行為，致使你遠離自我目標和價值觀，而非朝其邁進。或者，你早已發現自己承受著劇烈的痛苦，而你總是不知道該怎麼辦才好，因此讓你覺得飽受折磨。痛苦耐受技巧可以減少苦痛，為你敞開思想的空間，幫助你以真正對自己好的方式做出回應。

人際效能

我們與他人之間的互動有可能引發相當劇烈的情緒反應，這就是為什麼這本書要用一整章的篇幅來專門講解如何盡可能有技巧地處理這些人際互動。你真正的價值觀和目標大概也跟建立有意義的人際關係有關。起碼，你會希望在活

出自我價值觀、實現自我目標的同時，也能夠跟其他人保持互動。掌握這些技巧的同時，與自身的情緒契合以及善用直覺力將能幫助你實現目標並實踐自我價值觀。

現在讓我們進行第一項日誌練習。

自我反思：請思考前文概述的各類技巧以及你為自己設定的目標，並回答以下問題：你現在面臨什麼樣的問題，想要改善哪些部分？你想要更專注地活在當下嗎？你想要更加覺察自我情緒，不帶批判性地留意情緒嗎？還是說，你想要集中心力在建立更良好的人際互動，並且認真地感受自己的情緒呢？

DBT假設

一開始進行DBT技能團體教學活動時，我們一定會先教

「DBT的七大假設」（Linehan 2014）。這七項假設是讓DBT得以發揮治療效果，以及作為哲學概念的前提。以下就是DBT的七大假設：

1. **每個人都在盡其所能地做到最好。**如前所述，你正在運用你目前擁有的技能和經驗，盡可能地發揮最好的表現。

2. **每個人都想要進步。**畢竟，你會拿起這本書是有原因的，不是嗎？

3. **每個人都必須做得更好、更努力嘗試、更有決心做出改變。**這是DBT最早出現的辯證之一。第一項假設和第三項假設都是對的。你正在盡可能地做到最好，而你可以做得更多、嘗試更多。這正是DBT技巧的作用——讓你有機會看看，你能不能更努力地把情緒敏感度轉變成力量的來源，讓它成為對你有利、可由你來駕馭的力量。

4. **你所面對的問題並非全然來自於你，但你還是必須設**

法解決它們。會觸發你情緒敏感度的事件未必都是公平的。我們無法控制別人的行動和思考方式。過去的創傷或曾經歷的處境也有可能影響你調節情緒的能力，而那些事情不是你的錯。儘管如此，你還是願意盡可能嘗試運用這些技巧，幫助自己把情緒敏感度轉變成有用的能力嗎？

5. **新的應對行為必須要在所有相關的背景環境之下進行練習**。一如你所學過的任何其他技能，想要運用DBT技巧也須要經過練習。而你不僅僅是要練習，更須要在多種情況下練習這些技巧，好熟悉如何在不同情況下運用這些技巧。否則，你能夠信手拈來的招數將會很有限。舉例來說，假如你只有在職場上運用人際效能技巧，你可能會發現，回到家後，你一樣無法改變想擺脫的同一套模式，除非你開始在家裡運用人際效能技巧。

6. **一切行為（行動、想法、情緒）皆有起因**。想要學會

把情緒當成朋友，就要先學會理解情緒。假如你能夠分辨得出緣由——亦即觸發因子，或是情緒的源頭——與情緒的連結會更深，而不是被情緒壓得喘不過氣，你也會更加了解情緒試圖傳達出的訊息。你的行動和想法也都與你的情緒有所連結。去意識這一切彼此之間是如何產生連結、又會怎麼相互影響，也能夠幫助你駕馭情緒敏感度。本書第四章將會完整說明理解這些交互作用的技巧。

7. **與其批評和責備，不如找出並改變引發行為背後的原因**。首先，對自己抱有些許同情心是很重要的。身為高敏感者——容易因為他人的情緒、周遭的世界、自身感受及習慣性反應的強度而感到不知所措——並不是一件容易的事。作為一名高敏感者，你或許也特別清楚，情緒敏感度可能為自己及他人帶來的後果。在這本書裡會有一整章的內容來專門講述自我肯定，也就是認識與尊重自我感受的能力，因為學習這些技巧

十分重要。當懂得自我肯定，你不僅會覺得感受好很多，也會發現自己變得更有能力和技巧。除卻批評與責備可以讓你有更多空間去理解、進而改變任何驅使你遠離目標的行為。

自我反思：你對這些假設有什麼看法？你認為在學習將情緒敏感度視為優點的過程中，有哪些假設可能會特別有幫助？或是你對哪幾項假設感到懷疑？

誠如DBT所述，儘管無法證明這七項假設為真，我們還是可以選擇遵守它們。這項資訊對你很實用，因為在你一步一步學習應用這些技巧的過程中，將這些假設牢記在心會讓事情進行得比較順利。譬如說，當你覺得某項技巧太有挑戰性，或是對自己沒有信心、感到自我懷疑，你可以想想：「我正在運用我所知的一切，盡可能地發揮最好的表現。」遵循這些假設也能夠幫助你理解，DBT是從根本上

相信你的能力可以為人生帶來更多動力，讓你變得更加出
色且更有實力。

🌱 明白情緒就是信使

　　DBT也教導我們，情緒是友善的訪客，它們帶著重要
的訊息前來。儘管有時候，這些訪客帶來的是一段痛苦的訊
息，感覺不怎麼友善；也有時候，它們會好一陣子都賴著不
走。而在其他時候，我們對於它們傳來的任何訊息都會心懷
感謝。不過，情緒絕對不會恆久不變。這是給予高敏感族群
的另一分贈禮──只要時時刻刻去意識這些關於情緒本質的
基本事實，你就有機會接收到許多重要的訊息。

　　強烈情緒的出現代表著某件具有重要意義的事情正
在發生。DBT教導我們，感受到強烈的情緒會帶領你去思
索幾項重要的資訊。其中一項是DBT所謂的**脆弱性因素**

（vulnerability factors）（Linehan 2014）。跟朋友吵架、
睡眠不足——任何會導致你更容易受到強烈情緒影響的事
情——都有可能是脆弱性因素。強烈情緒也會引導你去思考
點燃你情緒的事件，即使一開始你並不確定那起事件究竟為
什麼觸動了你的情緒。隨著情緒而生的衝動和行為，以及與
情緒連結而不自覺浮現的想法，也是重要的因素。這些全都
是寶貴的資訊。本書第四章會更詳細說明分析這些資訊的方
法，以及要如何觀察自身的感受，並為之命名。

　　情緒也會促使你採取行動，並幫助你與其他人溝通。你
可能聽過「4F」反應：戰鬥（fight）、逃跑（flight）、僵化
（freeze）、討好（fawn）。這是當我們在意識到環境中存在
威脅，會自動表現出的四種反應。藉由這些反應可以看出，
在所面臨的威脅須要我們立即有所行動時，情緒可以發揮驚
人的助力。畢竟，如果你正感受到強烈的恐懼且身處於危險
之中，根本不會有時間分析脆弱性因素，也沒空逐一進行一
連串練習。你的身體須要你逃跑、戰鬥、做點什麼。而強烈

的情緒正是促使你馬上開始行動的原動力。這樣的自發性反應對旁人來說也是有用的線索。DBT告訴我們，比方說，如果有人聽到你大喊「快跑！」同時聽出你聲音中夾帶著強烈恐懼，旁人不必停下來思考也會立刻不假思索地跟著採取行動，因為你的情緒已經快速且有效地傳遞出重要的訊息。

　　問題在於，你的威脅偵測系統有時候會過於敏感，這正是許多高敏感族群所面臨的問題。或者，當你的情緒太過濃烈，導致你最終沒能接收到情緒傳達的訊息，也會產生問題。假設你正在工作場合進行簡報，發言時，你注意到一位同事臉上的神情。這有可能讓你下意識地在腦中迅速產生好幾種想法和情緒：**她覺得很無聊、她認為我很蠢**。於是羞恥、恐懼或憤怒的情緒便油然而生。接下來，事情可能會有幾種不同的發展。假如你把這些想法和情緒當真，衝動地魯莽行事，你八成會給自己幫倒忙。但要是你決定保持好奇心，把情緒視為資訊而非事實，並且利用這些情緒線索，更謹慎地採取行動，例如詢問同事的想法、請同事給予意見回

饋等等，你的情緒敏感度瞬間就會變成你的超能力。

　　倘若你能不帶批判性地去感受某些情緒，你會比較有可能接收到重要的訊息。有些情緒容易受到不公平的指責。比如說，人們感受到強烈的羨慕和嫉妒，或是感到極為尷尬時，有時會覺得羞恥。情緒本身並沒有好壞之分——它們就只是情緒。正如DBT所說，你的情緒不見得總是「貼合事實」——它們可能並不完全符合你的處境——但情緒總是其來有自，依循著你所面臨的特殊情況、你的過去，以及導致你產生這種情緒的所有一切而生。情緒會出現必然是有原因的，無論那是什麼樣的情緒，它都會促使你去深入探究，並找尋珍貴的資訊。記住第七項假設：不要批判。你反倒應該試著以好奇心去看待你的情緒，試著問它：「**你想告訴我什麼？**」用這樣的方式會更有效。

　　整體來說，每一種情緒都是指標，說明了有某件事情對你而言很重要。情緒不只可以帶來有價值的資訊，也會驅使你向外尋求你所重視的東西。舉例來說，你在做某件事情

的時候覺得很開心，你就知道有哪件事能為生活帶來更多樂趣。悲傷不僅僅讓你知道某件事情在過去或現在對你很重要，它也在幫助你練習緬懷。假如你不打算一直全副心神地沉浸在悲傷中，練習緬懷就十分重要。難過會幫助你尋求慰藉，痛苦會帶來療癒，而憤怒是可以讓你感受到力量，以及找到改變的動力的方式。這些情緒本身各是禮物，而情緒敏感度讓你更有機會獲得這些禮物。

為了要與這些訊息更加契合並能受惠於這些贈禮，你必須學習並練習正念。正念指的是，注意此刻在內心形成的想法，不去加以批判。這個觀念起初對於某些人來說可能很陌生，在本書第四章會更深入地討論關於情緒、想法和衝動的正念，以及練習正念的技巧。但是現在，請先記住，想要接觸情緒以及情緒所能提供的一切，首先必須願意不帶批判性地純粹留意自己的情緒。

記住「雖然情緒會帶來重要的訊息，但感受並不等於事實」這一點，也會對你很有幫助。比如說，感到害怕不見得

就表示你真的處在危險之中。不過，那種害怕的感覺依然是有根據的，它仍然會帶來重要的訊息，讓你了解你的內在與外在環境發生了什麼變化。這個道理也同樣適用於其他令人不安、使我們習於躲避的情緒，例如憤怒、難過或嫉妒。

　　最後，關於理解及調節情緒的另一個重要層面是，要懂得分辨情緒、想法與感受的不同。大家常常會說：「我覺得我辦不到。」那不是情緒，而是想法。伴隨著「**我覺得我辦不到**」的想法所產生的情緒也許是難過、害怕或絕望，至於由此形成的**感受**，或是身體上的感覺，則有可能是胸悶或胃部痙攣。由此情況所形成的情緒與感受都站得住腳，並且值得重視，但是那未必就表示事情毫無希望，也不見得代表你「辦不到」，無論那件事指的是什麼。DBT技巧會教你如何理解及分析這些資訊。

讚頌高敏感者的長處

　　在後續章節裡，我們將會深入探討情緒為什麼重要、如何運用DBT技巧來接收情緒試圖傳達的訊息，以及要如何自我撫慰，好能有利地運用情緒。不過請容我再次提醒，本書所要談的重點不只是關於你須要「搞定」的問題。既然你已經大致理解了情緒的重要性以及它們所能為你做的事情，現在請花點時間想一想，身為情緒敏感者的你擁有哪些長處。

創造力

　　擁有情緒敏感度會讓你在哪些方面變得更有創意呢？假設你是一名作家或視覺藝術家，擁有深刻的感受是不是可以幫助你創作出能讓他人產生共鳴的作品呢？也許你可以更有效地表達出你想透過藝術傳達的概念？還是說，擁有深刻的感受能讓你從創意的角度去思考，並獲得嶄新的想法？

領導力

有些人主張，擁有同理心是具備強大領導力的品質證明。與自身情緒相契合也能讓你更加理解他人的情緒和經驗。掌握這些技巧，無論是在家裡、職場、學校，或是面對同儕，你都可以協助引導他人。

直覺力

你的情緒是否曾經帶領你去到某個若不是因為你的敏感，你可能根本就不會去的地方？擁有深刻的感受以及與情緒保持連結使你對於不同的情況、對於他人或自己學到了什麼？說不定你已經能夠用不一樣的方式來處理事情，或是知道如何讓自己避開痛苦的處境，因為你能讀懂情緒帶給你的暗示。

熱情

想想在你認識的人裡面，那些擁有熱切愛好的人。你怎

麼知道他們是真心喜愛那件事？除了知識和喜悅，這些人在
談到其所愛之事時還可以貢獻出什麼呢？跟著熱情洋溢的人
學習、跟這樣的人相處，又讓你有什麼感覺？當你談論起熱
愛及關心的事物，可能也會讓旁人產生相同的感覺。熱情也
使你對在乎的事物產生更深層的理解。熱情是否曾經驅使你
更深入了解某件事，讓你獲得原先所不知道的知識呢？

自我反思：試著把情緒敏感度想成是一種強項的時候，你
心中率先浮現的詞彙或想法是什麼？在前述這些優點中，
有哪幾項最貼近對你的描述？情緒敏感度在過去對你有幫
助嗎？就你個人來說，你覺得身為情緒敏感者最大的好處
是什麼？

🌿 打造值得活的人生

　　本書第八章將會詳細針對目標和價值觀進行討論，而現在你該記住的是，這些技巧不見得都很好學，所以在內心想像某些具體化的成果——那些你覺得可以證明人生活得很值得、但仍尚未實現的事情——將會有所幫助。「值得活的人生」是從DBT而來的概念，人們有時不太會接受這種概念。畢竟，你的人生肯定是值得活的，它現在就值得你好好活，就在你讀這句話的這個當下。這是另一項辯證：你現在的人生就值得你好好活著，而花時間去思索夢想和所重視的事物，將會讓你感到更堅強、更有能力，也意味著能減少受苦的情緒。在你勇於嘗試控制情緒敏感度的過程中，「值得活的人生」目標與價值觀將會是能持續激勵你學習與運用這些技巧的動力。而身為情緒敏感者所具備的長處——那些你想保持和培養的正向特質——將會如何幫助你達成目標？你的熱情可以驅使你學得更多、做得更多嗎？或者，與他人建立

深厚連結的能力能為你帶來別具意義的長遠關係嗎？

　　說到底，了解你真正的價值觀、看清心中的目標，帶著它們同步生活，將能為你提供某種安全保障，那是在情緒的波濤讓你感到特別痛苦、甚至無法忍受的時候，能夠讓你安心依靠、並且鼓舞你的東西。

　　另一項須要記在心裡的辯證是：你正在運用你所擁有的能力，盡可能地發揮最好的表現。而你可以做得更多、做得更好、更加鼓勵自己去改變，並且表現得更為出色。這一切全都可以同時成立。這本書就是要邀請你來學習與嘗試新技巧，使敏感不再是阻礙，而能成為對你有利的能力。

自我反思：當你聽見「打造值得活的人生」這句話，心中出現了什麼想法？你想到的是擁有健康、緊密又活躍的人際關係嗎？你想到的是減少受苦情緒嗎？學習與運用這些技巧來控制你的情緒敏感度，會如何驅策你迎向更美好的

人生呢？請試著想想，DBT技巧可以怎麼幫助你打造出「值得活的人生」。

往前邁進

　　把情緒敏感度看成是優點的概念，對你來說可能非常陌生。你很可能從來沒想過要把這一部分的自己看成是種優勢，甚至在你的成長過程與人生經歷中，總是不斷地接收到與此概念徹底相反的訊息，讓你以為情緒敏感度是一種缺點，它是你為了要「變好」、變堅強或變得更有能力，所必須搞定的問題。也許，認定情緒敏感度是一種弱點的看法，早在幾個世代之前就已經滲透到你的家族與文化之中。這種訊息有可能早已根深蒂固。這就是為什麼，進入下一章，我們將要來探討你對於情緒、情緒敏感度，或是你作為情緒敏感者的身分──以及形塑你身為高敏感者的經歷──所抱持的任何內在化信念。

第二章

認識高敏感自我

　　你還記得第一次聽到有人用「敏感」這個字眼來嘲諷你的時候嗎？說那句話的人是你的父母？你的朋友？還是當時正在跟你爭吵的伴侶？也許你不記得有人曾經明確地對你說過「你太敏感」這句話，倒是記得覺得自己活像個累贅、反應過於激動的那種感受。

　　我想要幫助你重新定義你對於你的敏感已經內化的任何訊息，幫助你重新思考，敏感這項特質對於你、你的人際關係，以及你要怎麼去適應這個世界，具有什麼樣的意義。也許它讓你覺得五味雜陳。有些日子，你鍾愛自己對情緒的獨特感受；也有些日子，你所有的感受都像是種折磨。一路以來，你在某個時間點可能已經發現，相較於他人，你對於事物的感受更為強烈，也更容易受到周遭世界的影響。而你所接收到的訊息也告訴你，你的情緒是你必須解決的東西，你不應該擁抱情緒，情緒越壓抑，越不會給旁人帶來困擾——但是這麼做只是在加重你原先就會產生強烈情緒的問題而已。在這當中，情緒澎湃本是天賦的重要事實——它們會為

你的生活帶來熱情、創造力、直覺力與其他優點──早已被
人所遺忘。而要讓你能對自己的獨特天賦重新改觀的首要步
驟之一，就是要回到最初，去了解你是如何演變到今天這樣
難以與情緒保持友好的地步，一切就要從你是如何學習看待
自己開始。

你會怎麼形容自己的敏感？

　　也許你一直都有隱約意識到，自己在情緒方面比其他人
敏感，但是你從來不曾認真思考過這個問題。也許你在無意
間發現了「高敏感者」這個身分標籤，立刻對它產生濃烈的
興趣，便一頭栽進去探索與學習。也許，沒有任何一種身分
標籤能讓你覺得那就是你，你只是一直對於自己抱有某種直
覺上的感受。無論你對於自身敏感度的理解為何，探討你是
如何看待自己的，並挖掘你目前對於自己身為情緒敏感者所
抱持的想法都是值得的，因為每個人都不一樣。舉例來說，

我是個敏感的人，而我也會用「合乎邏輯」與「直接」來形容自己——這兩者一般不會與「情緒化」聯想在一起，但是這些特質絕對有可能同時並存。你越能夠理解你獨特的自我，就越容易接納新訊息，了解情緒敏感度所具有的意義，以及這分天賦的本質。

自我反思：你會形容自己是情緒敏感者嗎？有哪些特點、經驗或行為導致你相信自己在情緒方面比他人敏感？你在思考這部分自己時，心中有浮現任何其他詞彙嗎？在你注意到自己有這些特質時，心中浮現了哪些情緒？你覺得羞恥、驕傲、尷尬、溫暖，還是出現了完全不一樣的感受呢？

請再想想：假如你認為自己很敏感，你是怎麼知道這一點的？有人告訴過你嗎？如果有，那個人是誰？你跟那個人的關係怎麼樣？對方是怎麼說的？當時的情況如何？對方的語調如何？

　　不幸的是，很多人從別人身上接收到的訊息往往會是「你太敏感」或「你反應過度」，而且那並不是來自於「你真是個體貼的朋友，你真的很用心觀察一切，我很感謝你這麼有同理心」這一類的陳述。但是，如果我們可以開始試著去重新定義一路以來我們所接收到的負面訊息，那會讓我們比較容易發現情緒敏感者所具備的各項優點。為了有所行動，我們首先要試著確切地了解情緒敏感度真正的源頭。

生物社會理論

　　一個人究竟是如何變得難以控制洶湧的情緒，還會把自身的敏感視為負擔，導致情緒調節困難開始在日常生活中造成問題的呢？瑪莎·林納涵發展出一套能夠解釋這一切的理論，那就是**生物社會理論**（Linehan 1993）。

生物層面

　　生物社會理論的生物層面相對來講直截了當得多。簡單來說，事實就是情緒敏感度有遺傳性因素。有些人一出生就比其他人的情緒更為敏感。那是大腦先天上的設定，寫在基因裡，就跟有藍眼珠或捲頭髮是一樣的。如果你對於周遭的世界較為敏感，感受也比絕大多數人更為深刻，你的近親當中很可能也有人跟你一樣（當然，至於那些親戚是如何學習去面對情緒敏感度就是另一回事了）。而要是你曾經要求自己努力試著「別那麼敏感」，你應該對自己寬容一點，因為你現在已經知道，情緒敏感度不是你去嘗試就能夠改變的東西——它存在你的DNA裡。

　　生物社會理論說明了，與情緒敏感度有關的多項因素都具有生物性傾向，這些因素包括：快速高度反應性（受到刺激時，你有多快感受到多強烈的情緒）、緩慢回復基礎狀態（經歷強烈情緒後，你須要花多久時間才能恢復冷靜，回到受控狀態），以及情緒調節困難（感覺情緒掌控一切，有別

於主導權在你手上的情況）。在某種程度上，這幾項因素在你出生時便已經由多項基因事先決定。研究人員也發現，有一種基因變異會影響人們感知周圍世界的生動與鮮明程度，以及人們對於其所感受到的情緒刺激會產生多強烈的反應（Todd et al. 2015）。這與同理心有關──你能夠接收、心領神會與理解他人感受的能力，也是你與生俱來的特點之一。

社會層面

　　社會層面就顯得複雜許多，值得我們認真地進行一些探討與自我反思。每個人的家庭及童年時期都不相同，都是各自經歷了一連串的特殊經驗，才成長為今天的自己。但重點是，你成長的環境，以及身邊的人處理情緒的方式，會直接影響到你現在跟情緒之間的關係。我們處理他人及自身情緒的方式與在性格養成時期曾經有過的經歷有很大的關係。在成長的過程中，你身邊的人教會了你該如何回應情緒。我們很快就會探討你在這方面的個人經驗，不過現在，請先想一

想：一個人的敏感特質被認真對待和培育，與被迫感受到這項天生固有的特質是一種負擔、麻煩，或是應該被鄙視，這兩者之間會有什麼差異？如你所能想像的，後者不會迎來美好的下場。但是我要再次提醒你，每個人的情況都是獨一無二的。了解你獨特的經驗和成長環境，將能幫助你更加理解目前所面臨的問題與原因，以及你特殊的過人之處。

最後，生物社會理論假設，情緒敏感者若是置身在**不認可的環境**（invalidating environment），亦即，不認同且不正常看待其敏感性的環境，在此環境之中，情緒敏感者會被迫認為自身經驗及情緒彷彿不重要、不真實，或實際上與其所產生的感受不同，最終便會產生情緒調節問題。

一個環境可以透過許多方式展現出這種不認可的性質，我們將會探討其中的幾種。有一點必須要提前留意的是，不認可的環境未必是由惡意所導致的結果。它不見得代表是有人故意選擇不認可。不認可的性質有可能單純源自於我們適應或不適應所處環境的方式。假設一位情緒敏感者的家庭成

員普遍都是情緒敏感度低的人，這可能就會使得這位情緒敏感者感到不被認可，即使其他家人只是順其自然地做出反應。按照DBT的說法，這位情緒敏感者就像是一朵「長在玫瑰花園裡的鬱金香」（Linehan 2014）。雖然說，身為鬱金香或玫瑰這件事本身並沒有好壞對錯之分，就只是不一樣而已，但是如果這讓你在成長過程中覺得孤單，並且因為你與他人不同而感到疏離，你可能就會以為是自己有問題。也許隨著長大的過程，你曾經注意到旁人生起氣來好像不會像你那麼憤怒，難過起來也不會如你一般悲傷，而當他們真正產生強烈情緒，似乎也比你更容易控制情緒。每個孩子很自然地都會想要得到歸屬感。但是每當你體會到自己是「長在玫瑰花園裡的鬱金香」，那種經驗就會剝奪你的歸屬感。倘若你相信情緒敏感度讓你有瑕疵，抑或是那代表著你有毛病，這便有可能導致未來的你與情緒為敵，而不是以開放的心態接納情緒。

　　對於難以管理情緒及與情緒保持友好的人來說，他們

從父母及其他大人身上接收到的直接或間接訊息往往都是：「我不曉得該拿你這種強烈的情緒反應怎麼辦才好。」而這個訊息可以透過許多種不同方式傳達出來。

人們如何回應你的情緒浪濤？在你小時候，每當你哭鬧、受傷或生氣，其他人通常會做出什麼反應？你的情緒需求有沒有獲得滿足？生物社會理論斷定，他人的反應不僅會影響你對於自身敏感性與情緒的感受，也會進一步強化你的某些行為。舉例來說，假設在你小時候，你難過或生氣的情緒通常會遭到漠視，直到大人無法再忽視你為止。也許大人擺出的態度是「隨便你去哭」，以為只要不去認可或是在意你的情緒，它們就會自行消散。遺憾的是，人們有一種普遍的錯誤觀念，以為認同與承認情緒會使情緒變得更加高漲或更難控制。實際上，事實正好恰恰相反──認可可以安撫情緒。

如果你身邊的人會一直等到忍無可忍才來照顧你的情緒，這會讓你學到，為了滿足自己的需求，你應該怎麼做？

你有可能會以為，為了讓其他人正視你的情緒，你必須先把情緒放大十倍。你也有可能以為，你必須等到情緒非常強烈、無法再對它視而不見的時候，再來正視你的情緒。對情緒敏感會導致他人用特定的方式對待你，因而強化特定的行為與訊息，演變成惡性循環。

　　關鍵是：他人回應我們的方式會決定我們的哪種行為受到強化。假如你從小就很愛哭、容易表現出激動的情緒，而你身邊的大人總是會安慰你、關心你，並且鼓勵你表達自我，這在本質上便會形成一種正向獎勵，使你了解自己產生感受的模式，並且變得容易表達自我與接受安慰。另一方面，倘若你的情緒浪濤總是被他人所無視，或者總是會迎來令你沮喪的回應，這時你會有什麼選擇？是不是只好先把情緒硬吞下肚，晚點再讓這顆不定時炸彈恣意爆發？我們的內心未必總有撫慰自我的能力，尤其是在情緒激動之際，我們也不必然見識過這種自我撫慰的能力。但幸好，我們還可以依靠DBT技巧來幫助我們，給予指引。

　　除此之外，你生命中的大人也有可能本於善意地給出沒有幫助的回應。譬如，「沒事沒事，這沒有什麼好哭的」這句話就是具有不認可性質的安慰。雖說事情很有可能真的沒什麼大不了，而且從大人的角度來看，確實沒有必要哭，但是這樣的安慰會導致孩子不信任自己的情緒。即使在大人的眼中看起來「沒事」，也無法改變在那個當下，孩子所感受到的情緒是非常真實的。假如你曾經有過類似的經驗，你可能會覺得很難去學習如何與情緒契合、理解情緒、認可自我等等——這些都是要跟情緒做朋友，以及有利地運用情緒敏感度所需具備的關鍵要素——而這完全是合理的。

防禦機制與應對技巧。在我們成長的過程中，都曾經看過身旁的大人築起防禦機制、使出多招應對技巧的樣子。然而，情緒總是有辦法藉由一大堆不同的管道出其不意地爆發，假如我們不知道該如何管理它們，或是無法自在地處理它們，這意味著，或許我們在被養育成人的過程中，已經潛

移默化地吸收內化了許許多多成效不彰的應對技巧和防禦機制。心理分析理論有談到大約十幾種不同的防禦機制，其中有些很容易辨識，像是否認（拒絕接受現實）和逆齡回歸（regression，回到年輕時期的自己來採取應對行動）。其他機制就稍微比較難以捉摸，若是不明確地指出，我們可能會一直錯誤地以為它們是健康、具適應性的情緒管理方式。

　　合理化就是屬於後者這種比較幽微的應對類型的範例之一。在不認可的環境中，採取合理化機制的做法可能會像是：「問題是可以解決的，所以何必煩躁不安呢？」或是：「事情會走到今天這個地步是有原因的，你現在起這麼大的情緒反應簡直是小題大作」。這兩句話聽起來是不是有點熟悉？即使你不記得有人在你小時候曾經用這種方式來回應你，但是你可曾注意過，你會用這樣的方式來回應自己的情緒？在你有機會真正去感受情緒之前，你有多常利用合理化的做法來試圖抹去自己或別人的感覺呢？

　　在你長大的過程中，還接觸過哪幾種應對技巧、學會使

用了哪些工具呢？對很多人來說，憤怒是一種常見的應對技巧和工具。正確地說，憤怒是次級情緒，這表示當某人感到憤怒，通常還有一種初級情緒隱藏在怒氣之下，例如受傷、恐懼或難過。但是，驅使人感到憤怒的初級情緒往往較難被辨別出來，或是較難真的去面對——無論是對發怒的一方，還是對感受到怒氣的一方而言都是如此。也許你曾經見過一位家長沒來由地發起脾氣，那是因為比起向你解釋令他／她感到受傷或害怕的原因，發怒顯得容易多了。或者，你有多常經歷當某人內心背負著傷痛，而那股傷痛感太過劇烈或是令他們無法控制，以至於使他們對旁人表現出惡劣的態度，因為那對他們來說反而還比較輕鬆？

你的原生家庭怎麼了？了解你的過去，以及情緒在成長過程中受到什麼樣的對待所能帶來的好處之一，是能讓你對自己有點同情心。藉著認識在你成長過程中所學到的應對模式，以及影響這些模式的過去，你可以更加理解你是怎麼成

為今天的你，又為什麼會有情緒調節問題。這個方法同樣
也能適用於你的父母、家人以及他們的父母。更重要的是，
除非你明確地表示想要學習新的應對技巧，並且願意更加了
解情緒，否則你就只能運用過去曾經學過及見識過的一切來
面對情緒。請容我再次重申，高度情緒敏感有遺傳成分。假
如你的父母在你成長過程中，沒有為你示範健康的情緒調節
方法，也不知道該如何處理你的情緒，那有可能是因為他們
的成長過程中也發生過一模一樣的事情——**他們**所感受到
的強烈情緒也曾經被他們的照顧者有意或無意地不予認可。
倘若你發現，有些人回應強烈情緒的方式是馬上採取防禦機
制及其他應對技巧，那是有原因的。對於過去不曾接觸或是
獲得其他技巧的人來說，尤其是經歷過創傷的人，那種做法
感覺上可能就像是唯一的求生之道。有時候，我們須要運用
防禦機制，以及現有的應對技巧，來幫助我們度過艱難的時
刻——特別是在面對痛苦情緒的身心容納之窗（window of
tolerance）變得狹窄的時候（後續章節將會詳細說明）。在這

種情況下，這些應對模式不會自動改變或隨機瓦解，我們必須要有意識地做出改變才行。

自我反思：在你成長的過程中，曾經接收過哪些關於「負面」情緒的訊息？關於你身為情緒敏感者所具備的獨特特質，你接收到了哪些訊息？人們在面對你的強烈情緒時，通常會做何反應？在你長大的過程中，接觸過哪幾種應對機制？

🍃 文化傳遞的訊息與價值觀

從較為宏觀的角度來看，你成長的文化背景會直接影響你對於自己身為高敏感者所內化的訊息。我住在美國，這裡的西方文化非常習慣從性別的角度來看待情緒敏感度。簡單來說，大眾普遍認為，感受面和直覺面是屬於比較女性化

的部分；負責採取行動、而非感覺的邏輯層面則是屬於較為男性化的部分。因為如此，當我們表現出「男性化」特質或行動，通常會受到獎勵；表現出「女性化」特質時則會受到懲罰。舉例來說，當女性表現出強烈情緒，很有可能會被人冠上「歇斯底里」的罪名。想當然耳，這些只是人們慣用的二元化術語，在現實生活中，敏感的男性人數就跟敏感的女性一樣多。男性在先天上擁有前述「敏感基因」的可能性與女性相同。假如你是個男孩或者生理性別是男性，而你成長的文化背景時常強硬地要求具有男性性徵者必須遵守適當的「男性」行為準則，這便有可能構成另一種不認可的環境。這樣的環境會令你覺得你美好而純粹的自我與敏感，不知怎地，彷彿在本質上有所缺陷。家人、老師、教練，甚至是你讀的書或看的電影，可能都在傳遞這樣的訊息——情緒敏感的男孩要不是不正常，就是有問題。最終，在一個性別歧視意味濃厚的文化裡，即便是女性表現出「太女性化」的行為或特質，也有可能會令人感到不快，而看在許多人眼裡，情

緒敏感度正是屬於這類型的特質之一。縱使你在孩提時代很少遭遇到不被認可的對待，也不曾直接接收到以上訊息，你的情緒敏感度還是有可能不如你所具備的其他特點——依當地文化根據你的生理性別判定為較「正常」的特點——那麼樣地受到栽培或重視。

　　從感受身體的感覺這一層面來看，西方文化對這方面也不夠注重。其他文化重視與身體建立感受上連結的程度比我們多出許多。比方說，儘管與身體契合是了解情緒、跟情緒做朋友的重要環節，然而在西方文化中，有很多人現在才剛開始認知到，我們一般認為的體能活動（像是瑜珈）在情緒和精神層面上所能產生的效益。假如你無法與身體的感受和經驗相契合，你就無法辨別所感受到的情緒，並為之命名，如此一來，將會導致這些情緒不容易平復。我們將於後續章節說明解決這個問題的技巧。

敏感不是髒字

　　請回想一下本章所提出的第一項自我反思。伴隨你所指出的特點，以及你在內省時心中浮現的情緒而來的，是你在成長路上接收到關於自己的訊息。使你成為情緒敏感者的那些特點，與你對於自己身為一個人、身為子女、身為手足、身為朋友、身為學生、身為伴侶等身分所內化的訊息有關。你已經把你在這個世界所扮演的角色、這個世界又如何看待你的訊息全都內在化了，範例如下：

　　我很不討喜。

　　我的情緒總是礙手礙腳；我很沒用。

　　我跟別人不一樣；我是怪咖。

　　我爸媽不喜歡我。

　　以上每一項敘述都有它們必須直接面對的挑戰。有些

人相信，情緒敏感者並非不討喜，反而更容易討人喜歡。而且，你絕對是個很有用的人。這正是本書所要講的重點，本書教導的技巧不只能夠幫助你展現你的能力，還可以幫助你駕馭你的敏感，利用它來發揮你的優勢。儘管你覺得自己跟別人不一樣，甚至認為自己是怪咖的想法是其來有自，但是也請記得，我們在〈前言〉曾經提過，伊蓮・艾融認為全世界大約有百分之二十的人口屬於高敏感族群。這表示地球上有好幾百萬人跟你一樣擁有這些共同點。比方說，假如你認為父母不喜歡你，你會這麼想可能是基於某個非常具有說服力的原因，但那並不是因為你不惹人疼愛，也不是因為你這個人本身有什麼問題。那只是因為，你會產生強烈的情緒，而你的父母，無論基於什麼樣的理由，都沒有足夠的能力可以做出應對，於是讓你覺得你像是一朵長在玫瑰花園裡的鬱金香。

另外，也要請你想一想，我們已經深入探討過可能使你接收到與情緒敏感度有關的負面訊息來源，那麼關於正面訊

息的來源呢？舉例來說，有沒有老師曾經明白地告訴你，你多有創意和熱情？在我還小的時候，有個老師常常告訴我，她覺得我有一天會登上百老匯舞台。我舉這個例子並不是要告訴大家我小時候很愛出風頭，我要說的是，這讓我備感關愛與鼓勵。在我長大的過程中，很幸運地有其他老師也願意讓我知道，他們從我的作文和課堂發言中觀察出我擁有很強的直覺力。這使得我越來越學會去注意到，在我對於感興趣及在意的事物展現出強烈的好奇心與熱情的時候，別人對我表現出的尊重。有時候比起負面經驗，我們更難記得正面的經歷，但是你也應該試著承認，你的情緒敏感度確實也曾經被他人看見與認同，並且被視為值得欣賞，甚至是珍惜的優點。事實上，你很可能也有過那些時光。

　　最後，你還可以試著這麼想，你所喜愛的每一本書、每部電影或電視劇，很有可能都是出自情緒敏感者之手。要能說出好聽的故事，必須要懂得人心，而要能懂人心，就須要有同理心，也就是與自身及他人情緒、經驗相契合，以更加

理解它們的能力。一如我們在談「生物」層面時所概略提到的，這項可以敏感察覺他人感受的先天能力就存在你的DNA裡，一旦你掌握了這種能力的使用技巧，它就能成為你的強項之一。

自我反思：你對於自己身為情緒敏感者一事，已經內化了哪些負面或正面的訊息？這些特點對於你，以及你要如何融入這個世界、適應他人而言，意味著什麼？你對於將敏感視為優點這件事，抱持什麼樣的看法？你覺得它算是種天分，還是永遠都是種詛咒呢？抑或是介在兩者之間？

接下來：你想要怎麼重新定義對你構成阻礙的任何負面訊息呢？請逐一檢視你所辨識出的每項訊息，並運用你目前為止學到關於情緒敏感者所具備的長處，來重新定義這些訊息。重新定義的方式必須符合你對於自身特點的看法。舉例來說：也許你最先想到的負面訊息之一是「我很

不討喜」。過去曾經有哪些經驗讓你對自己產生這種負面想法嗎？那些經驗可以完全代表真實的你嗎？你的敏感對於你身邊的人來說，是否曾經是種有力的優勢？也許你可以這樣去重新定義這個負面想法：「人們會受我的熱情所吸引，並且欣賞我的熱情」，或是「我有深愛他人的能力」。

🌱 往前邁進

學習我們在第一章所說明的DBT假設對於開始進行DBT來說十分重要，而且那是有原因的。請記得，那些假設是我們無法予以證明，但是在成長與療癒的過程中，依然要選擇去遵守的信條。DBT的第一項假設是，我們都在盡自己所能地做到最好。每個人都在運用各自所擁有的技能、截至目前為止所學到的教訓和經驗，盡可能地發揮最好的表現。理解

和學習我們的過去可以培養出對自己及他人的同情心。如果可以更加了解自己及旁人為什麼會走到要將自身的強烈情緒視為致命缺陷的地步，我們會更容易產生同情心，並且願意邁步向前，做出對自己有益的改變。

　　此外，也要請你牢記DBT的第五項假設，這項假設說明，我們所面對的問題並非全然來自於自己，但我們還是必須設法解決它們。假如童年時期的你曾長期不被認可，假如你曾經歷創傷，假如沒人為你示範過健康的應對技巧，要知道，這些都不是你的錯。而且，如果你知道自己想要過的是什麼樣的生活，你也想要能更有效地管理情緒，來幫助自己朝著這些目標邁進，你完全有權力向外尋求新資訊，並且做出改變，就如同你現在正在做的。

　　再次提醒你，這本書的其餘章節會把重點放在幫助你學習，以及培養你駕馭情緒敏感度這分天賦的技能。接下來我們要做的事情是往前看，而不是往回看。我希望，花點時間和心力去關心你過去的成長背景，以及你是如何成為今天

的你，能讓你獲得更多理解、更多同情心，也更有能力為生活做出有意義的改變。你的情緒敏感度不必然會是個缺點，縱使別人老愛從負面的角度看待它。你可以改寫自己未來的人生故事，你也終將了解到，情緒敏感度對你自己和他人來說，都是分禮物。接著，我們首先要來探討第一個單元的DBT技巧——擴大你對強烈情緒的忍受度。

第三章

自在面對不安：
擴展你的身心容納之窗

　　面對不安的情緒時，**你有多自在**？「身心容納之窗（window of tolerance）」是在創傷治療中經常會提到的概念，它所指涉的涵義就如同字面所述，是指人們在日常生活中的容忍度範圍（Siegel 2012）。每個人都有一扇身心容納之窗，在這個範圍內的不安是他們所能應付的。站在這扇窗內，你仍然可以感受到情緒，也能夠保持機敏、放鬆，而且思路清晰，有能力解決問題。基本上，處在身心容納之窗以內時，**情緒便可以受到控制**。你大概可以從目前為止所讀過的內容中了解到，情緒受控意味著你可以感受情緒，同時也能保持理智、平靜，並且能做出符合目標及價值觀的選擇。

　　當然，身心容納之窗不會固定不變。窗寬幅度有可能每天出現變化，端看不同的情況而定，例如跟媽媽吵架、吃飯沒吃飽，或是晚上沒睡好等等。至於留在心裡那未經處理的創傷，抑或是在內心四處蔓延、不受管束的焦慮感呢？這些因素的每一項都會影響你忍受痛苦的能力，並且窄化身心容納之窗。

　　身為情緒敏感者，你擁有與情緒特別契合的天賦，但這也有可能導致你的身心容納之窗窄小得令你很不自在。身為HSP，你與情緒連結的感覺格外強烈，只要發生一點小事都可能會將你拋出窗外。情緒有時候會來得又快又極端，讓你覺得沒有多少餘裕能保持理智，無法讓自己停留在身心容納之窗內。

　　經歷困難、感受到不安的情緒時，未必會使你脫離身心容納之窗。你可能還留在那扇窗內，這表示你還處在可受控制、頭腦清醒，並能感受到安全感的門檻之內。如果是這樣，儘管你一定還是能感受到那股不安，然而大致上，你仍然可以用符合價值觀與目標的方式來做出回應。假如你所體會到的不安已經超出你神經系統當時所能承受的範圍，那麼，你不是會向上脫離身心容納之窗，進入過度醒覺（hyperarousal）狀態，就是會向下脫離身心容納之窗，進入過低醒覺（hypoarousal）狀態。創傷，抑或是任何超出我們神經系統當時所能承受範圍的事物，都有可能使我們感覺自

己被淹沒，也有可能導致我們周圍的世界縮小。

　　過度醒覺會產生自我被淹沒的感覺。此時，神經系統會受到活化，把你朝上推出身心容納之窗。我經常舉恐慌症發作的例子來做為過度醒覺的範例。在某些情況下，你也許並沒有經歷完整的恐慌症發作，但是你的心跳會加快，會感覺到自己在發抖、變得暴躁易怒，你會保持過分警覺、難以入睡，或是覺得無法專注。你可能會覺得自己時常感到情緒緊張。這些都是過度醒覺的例子。另一方面，過低醒覺也是被推出身心容納之窗的結果，只不過它是向下脫窗，而不是向上脫窗。你會覺得自己被周圍的世界給壓縮了，感覺麻木、對外界事物充耳不聞、對現況漠不關心、切斷與外界的聯繫。解離（dissociation）就是過低醒覺的一個例子。過低醒覺和過度醒覺是痛苦及不安的經驗和情緒超出我們當下所能承擔的範圍時，所產生的結果。而當我們覺得自己無法再握有主控權、無法維持明智及安全感，彷彿只能任由情緒擺布，你就會開始覺得情緒變得越來越不像是能幫助你發揮優

勢的超能力，反而更像是某樣不聽使喚的笨重枷鎖。當我們脫離身心容納之窗，就會失去安全感，進而喪失掌控一切的感受。而當我們失去安全感，也將連帶地喪失做出選擇以及善加利用情緒的能力。

　　好消息是，你可以透過很多方式來擴展你的身心容納之窗。不過首先，理解以下幾點會對你有所幫助：為什麼有些人的身心容納之窗是傾向於變窄，而不是變寬呢？為什麼有些人即使在面對困難的情況，也能夠保持情緒受控，有些人卻動不動就改採置之不理的態度，或是容易受到過度刺激呢？

　　一如我們之前所提過的，日常因素有可能會造成影響，這些因素包括很簡單的小事，譬如你有沒有吃飽。你也可以把身心容納之窗想成是基本的安全感，比如說你肚子餓或是睡眠不足時，若最基本的需求沒有獲得滿足，神經系統就沒辦法感到安全，因此窗寬幅度，也就是讓你感到安全的空間，就會變窄。讓我們從另一個角度來思考。假設你把自己照顧得很好，基本需求獲得滿足，慢慢地治癒了過去的創

傷，也不斷學習和練習運用不同的應對機制與技巧來安撫神經系統。猜猜看，你的身心容納之窗會有什麼變化？它會拓寬，而且大致上能夠保持相當的寬度。

誠如前一章所討論過的，生物性因素也會影響我們對情緒的敏感度。由於你對事物的感受較為敏銳，稍微有一點風吹草動可能就會把你逼出窗外。不用說，你的天賦是能夠接收到情緒所要傳達給你的重要訊息，然而代價是，你得付出更多努力來調節神經系統，以讓自己保持在抑或是重新回到你的身心容納之窗。有很多情況會導致你脫窗，舉例來說，也許你近來一直對於自己的工作表現不甚滿意，而某天早上，在你沒睡飽又跟伴侶進行了一場不怎麼愉快的對話之後，你收到上司寄來的電子郵件，表示有事情想跟你談。你的高敏感自我馬上就警鈴大作，這封電子郵件幾乎立刻就把你心裡搞得七上八下，心臟怦怦直跳，害你無法正常思考。

不過，站在生物學的立場，有時候向上脫窗或向下脫窗是有益、自然且正常的反應。請回想一下，我們在面對威脅

時所會產生的四種生物性反應──戰鬥、逃跑、僵化和討好
（在繼續往下講之前，有一點要先說明，在這本書中，我們
只會著重討論前三種反應。第四種反應，亦即討好，指的是
為了避免衝突或危險而取悅別人的做法，與高敏感所牽涉到
的過度醒覺和過低醒覺較無關）。「戰鬥」和「逃跑」兩者
都是過度醒覺的例子，「僵化」則是過低醒覺的例子。假設
你在叢林裡，有一頭大灰熊發現了你，開始朝你狂奔而來。
你的心跳得好快、血液在身體裡猛竄，你全身上下的每一個
細胞都在告訴你趕快逃跑。於是，你內在的「逃跑」本能啟
動，把你往上推進過度醒覺的狀態。而這難道會是由於你不
擅長運用應對技巧，或是因為你的神經系統不知怎地失常，
才導致你無法保持在身心容納之窗以內嗎？當然不是。你的
神經系統非但發揮了良好的功能，正確地做出該做的判斷，
八成還救了你一命。棘手的部分在於，當我們被逼出身心容
納之窗，現實中卻不存在實質威脅的情況。當身心容納之窗
太過窄小，就會發生這種事──你所感知到的任何威脅都會

把你推出窗外。看似無害的小事感覺起來有如一頭朝著你猛衝過來的熊，儘管威脅並非真的存在，你感受到的情緒卻依然十分真實。

認識你的身心容納之窗

你的神經系統能負荷的極限是多少？你是會逃避情緒，選擇無視它而不去接納它的人嗎？當你的內心湧現悲傷、嫉妒或憤怒的情緒，比起接受這些情緒，你是不是習慣把它們硬吞下肚？或者，當這些情緒出現，它們是不是總找得到旁門左道來發洩，使你變得跟平常判若兩人呢？也許我們在第二章探討過的某些訊息確實有影響了你看待與感受不安情緒的方式。假如你認為情緒沒有用處、只是包袱，抑或是只有弱者才會經歷難以控制的痛苦情緒，那麼當這些情緒無可避免地在內心浮現，你難道不會覺得不好受嗎？倘若如我先前所說的，在你心裡有一道不認可的聲音，請你凝神細聽，那

是誰的聲音？你認得出來嗎？

自我反思：你通常會怎麼處理不安的情緒？你會選擇分散注意力嗎？你習慣表現得漠不關心，或是找方法來麻痺自己嗎？你曾經對別人或自己大發雷霆嗎？還是你受情緒影響時容易顫抖或心跳加速呢？我們每個人都有各自的忍耐限度。了解你的忍耐極限及其表現形式可以讓你獲得資訊，而資訊就是力量。此外，請想一想，你知不知道你有可能是在什麼時候或為什麼會學到要用這樣的方式來處理痛苦的情緒？

情緒不只是自然的東西，以及生而為人的一部分，它們本身也沒有害處。情緒雖然有可能引發身體上的不適，但那並不代表傾聽情緒會對你造成傷害。了解你的身心容納之窗將能幫助你評估自己是否已經準備好要跟情緒做朋友，並且利用它們來發揮你的優點。

自我反思：面對不安時，你能有多自在？當你經歷不舒服的情緒，例如難過、悲傷、嫉妒等等，你有多常願意讓自己接受這些情緒？你有多常願意讓自己去感受你的感覺，而不是想辦法讓自己分心？對你來說，有哪些因素可能會導致你的身心容納之窗變窄或變寬呢？

🌱 開始擴展你的身心容納之窗

拓寬你的身心容納之窗與自在面對不安這兩件事，可以如何幫助你跟情緒交朋友，並且利用它來發揮你的優勢呢？首先，不管你想不想要，情緒都會自然而然地湧現，這是人性的一部分。而且你不但一定會有情緒，身為HSP，你對情緒的感受也會比大多數人更加深刻、更加敏銳。你的情緒有時或許來得很強烈，強烈到甚至會讓人以為你是在小題大作。不過，這不見得代表你的窗寬幅度比較窄，如果你能學會自

在面對不安。事實上，學習自在地面對不安，以及學習關心自己的情緒，練習用關愛和認可的口氣對它說：「好，我有在專心聽。」將能拓寬你的身心容納之窗。這可以為你創造出跟情緒保持友好以及運用情緒的空間，好讓你能自我調節。也許你的內心時不時會傳來一道不認可的聲音，抨擊你的情緒太過強烈。但是，你的情緒在本質上是合理的，因為它實際存在，因為它來自於你，因為它是自然發生的。情緒的合理性根源於它是真實的生活經驗，它也反映出你的身體因應某件事所產生的變化。所以，與其一味地推開情緒，何不試著接受情緒呢？

　　為了達成這個目標，你可以先嘗試重新定義對不安的看法。以下這句話請複誦兩遍——情緒殺不死你。沒有人曾經因為過於悲傷、過於難受、過於憤怒或是過於孤獨而死去。的確有人曾經因為在情緒超出負荷時採取了錯誤的應對方式而賠掉了性命。縱使命大沒死，那些做法可能也毀了他們的人際關係，或者害得他們對不健康的物質或習慣養成依賴，

想戒也戒不掉。但是，那並不是由情緒本身所造成的。

　　情緒也不會永遠停駐。我們有時會誤以為，關注強烈的情緒會使得那股情緒停留得更久，或是變得更加不可收拾，然而事實正好相反。那股令人不舒服的情緒只是在試圖告訴你，你在那個當下需要的是什麼，以及對你而言，重要的是什麼。學習自在地面對不安，學會利用內心的感受找到其他安撫自己的方法，是跟情緒做朋友，並且學習把情緒視為一種天賦的首要步驟之一，也是把感受和行為區分開來的關鍵步驟。假如你可以待在窗內自由地感受，而不是非得依循著感覺去採取行動，你便已開始懂得把敏感轉變成為超能力的方法。你的情緒會成為可供你自由取用的資訊。打造一扇健康的身心容納之窗可以讓你有所選擇，因為它會創造出空間來讓你感受情緒，讓你不必再備感壓力地以為自己必須在當下採取行動。這就是做出回應（responding）與反應

（reacting）的差別[*1]。

　　有時候，我們必須憑靠應對技巧，例如分散注意力，才能讓自己盡可能地接近身心容納之窗。我們沒辦法無時無刻全神貫注地關注情緒，那會把自己累垮。但是，不去接受情緒、不與情緒保持友好，只是一味地運用那些應對技巧，是會產生問題的。首先，不花時間去感受情緒，情緒就會自行再生。情緒是攜帶著重要資訊的信使，它能告訴我們內在發生的變化，以及我們所重視的是什麼。如果不肯接納自己的感受、不去體會它、對它不感到好奇，也不願意聽聽它要說什麼，它就會想辦法停滯不前，直到下次又有事情促使它再現為止。假如你面對情緒的習慣做法是進入過度醒覺或過低醒覺的狀態，短時間雖有好處，長久下來卻會產生弊端，因為你只是在延長不舒服的感受，按捺不安的情緒，留待下次再爆發。長期來看，有如是一種折磨。感受自我的情緒也

＊註 1：Responding 指的是經過思考後冷靜採取的行動，reacting 指的是快速、即時、未經思考即產生的反應。

許無可避免地會帶來痛苦，卻不盡然會對你造成折磨。情緒須要被聽見、被注意、被認識、被認可，不然它就會徘徊不去，直到它的需求終於被滿足為止。

給自己空間去忍受不安的情緒，能讓你憑靠著好奇心和同情心來度過情緒的波瀾。擁有同情心可以減輕內心的折磨，而減少折磨可以給你多一點喘息空間，感受到自己有做決定的自由和能力。減少折磨便能產生自由意志。學習自在地面對不安也可以開創新能力，讓你有機會把新學到的技巧付諸實現，並且改變任何對你無益或是與你目標不符的行為。這說起來容易，做起來卻很難，而且你須要經過練習才會懂得如何使用後續幾章所要介紹的技巧。不過現在，請先試著拿出猶如在生活中對待好朋友或小朋友——或是某個你非常關心、願意溫柔對待的人——一樣的好奇心與同情心來處理你的情緒經驗。請以友善的語言，耐心地對待自己。

在接下來的幾天，請你開始觀察自己進入過度醒覺或過低醒覺狀態的情況，你可以在心裡面默記，或是利用日記

來做記錄，看看能不能找出你一般做出回應的模式。你有注意到自己向上脫窗或向下脫窗嗎？如果有，你是怎麼知道的？你在情緒上和身體上有什麼感受？哪些因素容易觸發你的反應？你有看出任何模式嗎？關於要如何做到這些，你將會在本章後續的內容中學到更多。至於現在，請先對神經系統發生的變化保有好奇心，並留神注意在一天之中，有沒有哪些時段會讓你感覺到自己已經進入過低醒覺或過度醒覺的狀態。也許你會疑惑：「**我要怎麼知道我現在是不是進入過低醒覺或過度醒覺的狀態？還有我記錄的東西正不正確？**」也許你已經有稍微意識到，自己習慣採用哪些無效的應對技巧，或是至少有注意到自己想要擺脫的某些小習慣。我們可以藉由太多、太多不同的方式來安撫自己，讓自己重新回到身心容納之窗以內。所以，假如你發現，你會利用某種不健康的應對技巧來試圖安撫自己，你可以把這種情況想成是你的神經系統調節不良，而你須要借助其他東西來幫助自己重回身心容納之窗。也許你所注意到的不只是單一種不健康的

應對技巧；也許你會使用多種不同的應對方式來處理不安的感受。無論如何，不管你想嘗試改變的是什麼，對它建立基本的認識都是做出改變的第一步。

　　還有——我經常說這句話，而我在這裡要特別清楚地重複一次——請試著對自己好一點、寬容一點。盡力安撫自己是世上最自然的事情之一，尤其是如果你很敏感，或很容易產生強烈的情緒，試著用自己所擁有的應對技巧，盡己所能地做到最好。

🍃 擴展身心容納之窗的技巧

　　假設在閱讀這一章的過程中，你逐漸認知到你的窗寬幅度通常比較窄，這裡有個好消息可以告訴你，那就是有很多工具都能夠幫助你擴展你的身心容納之窗。其中有一些是你現在就能花五分鐘開始練習使用的小工具，其他像是治療之類的方式，則會比較須要花時間。我們就先從簡單的方法開

始談起，之後再來討論較為長期的解決方案。

從小處著手

　　學習接受情緒就跟學習任何其他技巧一樣，都須要練習。假設你正要開始學溜冰，而且你從來沒去過溜冰場或穿過溜冰鞋，你總不可能期待自己明天就能登場表演，還能完成後內點冰跳（flip jump）*2的動作吧。請比照你在學習任何新事物時的標準，友善地對待自己。

接受你的感覺。首先，請試著感受你的身體。本書第五章將會對此進行詳細說明，不過現在，你只要先注意自己的感覺就好。請閉上眼睛（如果你願意。假如閉上眼睛會讓你感到不自在，那只要把視線聚焦於地板或是周圍某個不會動的物體即可），並試著去感受身體。你現在覺得激動嗎？放鬆

＊註2：為花式滑冰的六種常見跳躍動作中技術難度第三高的動作。

嗎？緊張嗎？難過嗎？假如你說得出情緒的名稱，接下來請問問自己：「我怎麼知道那就是我所感受到的情緒？」你的身體有什麼感覺？如果要敘述你目前的狀態，而在你心中會率先浮現的描述性字眼是「沒事」「平靜」或「很好」，請再多花幾分鐘的時間留心觀察。你怎麼知道你現在「很好」？你的身體帶給你什麼樣的感覺讓你覺得很好？

　　或許浮現在你心裡的不是情緒性字眼，而是某種知覺（例如：胃部痙攣、喉嚨有異物感、胸口覺得重重的），那也沒關係。你要做的事情還是一樣，靜靜觀察。另外，也請留意內心所產生的任何衝動。你有感受到一股欲望，讓你想站起身、四處走動、滑滑手機、打開電視嗎？也許，你所感受到的是另一種全然不同的衝動也說不定。不管那是什麼，只要觀察它就好，不必採取行動。

　　再來，你所感受到的知覺與衝動是令人愉快、不愉快還是中立的？無論它是否令你感到愉悅，請花幾分鐘的時間單純地感受一下你的感覺，不要加以批判、不要沉浸其中，也

不要試著推開它，只要注意它就好。然後，請慢慢做幾個深呼吸（鼻子吸氣，嘴巴吐氣）。

　　恭喜你，你正在擴展你的身心容納之窗。藉由這項簡單的練習，你正在讓身體知道，你可以接納與忍受內心自然產生的情緒和知覺。漸漸地，你會慢慢進步到能夠接受並觀察各種強度不一的情緒和知覺。未來，當你被某件事情觸動強烈的情緒，而你想給予回應而非貿然做出反應，這個能力將會對你很有幫助。

　　假如你覺得有用，你可以在做這項練習時搭配使用計時器。假如做這項練習令你覺得不堪負荷，請告訴自己，只要三十秒、一分鐘、三分鐘或五分鐘就好，你可以任意選擇覺得舒服的起跑點。然後，你可以逐漸拉長時間，慢慢練習接納情緒，以及不帶批判性地留意情緒。到最後，你將能在所需要的時間內，單純地做一名情緒觀察者，而不隨之起舞。

🍃 重回身心容納之窗

在練習擴展身心容納之窗以及融入自身感受的過程中，你已經多少有點了解處在過度醒覺或過低醒覺狀態是什麼感覺，是否會覺得興奮緊張、心跳加速（過度醒覺），抑或是麻木無感（過低醒覺）？有了這層認識，你便已開始明白，當有狀況發生，可以在什麼時間點利用工具把自己拉回安全、受控的狀態。至於應該使用的是什麼樣的工具，將會依你是處在過低醒覺還是過度醒覺狀態而定。

面對過度醒覺狀態

我養的一隻混種貴賓狗由於過去受過創傷，現在只要稍微受到一點刺激，就會馬上進入過度醒覺狀態。譬如說，出門散步時，別說是有路人對牠說話，光是有陌生人看牠兩眼，就會激發牠的「戰鬥」本能，讓牠吠個不停，直到那人的身影消失為止。危機一旦解除，牠就會開始呈現某種奇

怪的狀態。假如你有養狗或是對動物很熟悉，你可能就會知道，牠會全身抖動。動物擁有的這項本能是人類所沒有的。牠們會抖動身體，把創傷從神經系統中釋放出來，等牠們再次調整好自己，一切就沒事了。有一種被稱為身體經驗（somatic experiencing）的治療方式提出了一項理論，這項理論認為，人類在經歷創傷後之所以會形成壓力，是因為我們缺少這種天生內建的調節能力。不過幸好，我們還是可以學習運用其他方法來進行自我調節。這就說明了，在我們被拋出窗外之後，有時候必須懂得利用一些小手段來幫助自己向下調節，讓自己重新冷靜下來。透過練習，這項技巧——解除過度醒覺狀態——便能成為你百寶箱中的萬用工具。

　　有一個可以解除過度醒覺狀態的方法，就是讓身體動一動。從「全身抖動」的角度來思考，這表示，你或許可以在短時間內從事一些劇烈運動，例如開合跳或打拳擊，或是來場熱舞。對於喜歡跑步的人來說，去跑一跑也可以幫助身體釋放及療癒創傷。此外，你也可以嘗試接受「眼動減敏與歷

94

程更新（eye movement desensitization and reprocessing，或稱
為EMDR）」療法。EMDR是一種十分複雜的創傷治療，不易
在此深入說明，不過，實施EMDR須要進行雙側刺激，而雙側
刺激所根據的原理正是透過身體活動來幫助我們進行自我調
節的概念。EMDR所涉及的雙側刺激包含輕敲兩膝或雙臂、來
回轉動眼球，或是兩手各持一個蜂鳴器，機器會在兩手之間
輪流交替發出嗡嗡聲。這種類型的刺激——牽涉到身體兩側
的刺激——是利用人腦天生內建的機制，來幫助大腦和身體
治癒及處理創傷。在開始實施EMDR之前，我通常會先請個案
去慢跑，想一想內心困擾的事，之後再來看看他們有什麼感
覺。事實上，跑步的動作（雙腳輪流接觸地面，手臂來回擺
盪）也是一種雙側刺激。我的個案在跑完步後，無論內心糾
結的問題是什麼，通常都會對問題萌生出新的想法與情緒，
整體感受也會變得稍微比較平靜，且較為受控。其實，這種
雙側刺激有點像是人類版本的「全身抖動」。我也要重申，
跑步不是唯一能夠進行雙側刺激的方法。假如你以前曾經對

跑步養成不健康的觀念，或者你就是不喜歡跑步，你還是有許多其他選擇，例如騎腳踏車、游泳、打拳擊，這些運動都能產生類似的效果。

其他簡單的運動，例如配速呼吸（paced breathing，邊從鼻子吸氣邊數數，數到一定數字時，憋住氣一會兒，然後從嘴巴吐氣，吐氣時也要一邊數數，而且吐氣時數的數字要比吸氣時數的更多），也已經過證實能有效解除過度醒覺的狀態。因為這項運動可以啟動副交感神經系統，那是在神經系統中掌管休息、讓心情保持安全與平靜的部分。

面對過低醒覺狀態

情緒令你太過痛苦時，自動潛入過低醒覺的狀態裡所會導致的危險之一是，你會習慣性地一併對其他情緒也感到麻木。這表示你有可能因此錯過好多驚奇、敬畏、喜悅、興奮之情，以及重要的經驗和訊息。沒有機會去感受這些情緒的人生，還算什麼人生？而當你的預設選項是不願意與情緒契

合，你要怎麼學會持續接收情緒捎來的訊息？如果你希望自己對情緒的感知變得遲鈍，你又怎麼有辦法利用情緒帶來的各種禮物呢？這種做法是在浪費你的天分，依賴一時的解決辦法反而會害你蒙受長遠的損失。

假如你意識到自己有容易解離的傾向，你可能會發現，在很多時候，你情願失神、分散自己對感受和情緒的注意力，抑或是寧可感覺麻木，也不想對事物產生過於敏銳的感受。如果是這樣，為了幫助你重拾感受，讓你能夠與自己和周遭的世界保持聯繫，而不是感到被淹沒，你必須做的應該是要喚醒你的感官。

活化感官是喚醒感官的一種方法。我們將會在本書第五章對此進行詳細說明，不過現在，你須要知道的是，你可以與五感中的任何一種感官連結，只要你專心接納它所帶給你的感受。譬如說，你可以洗個冷水澡或熱水澡、用心品嘗喜歡的食物、留神注意身旁有哪些物品，或有什麼東西引起了你的興趣等等。從治療的角度來說，這就是所謂的接地練習

（grounding exercise）。

你現在就可以嘗試進行「五四三二一」練習。請環顧你所在的室內空間，找出五樣可以看見的東西，四樣可以觸摸的東西，三樣可以聆聽的東西，兩樣可以嗅聞的東西，以及一樣可以品嚐的東西。這項練習實際上也能幫助你脫離過度醒覺的狀態，如果你覺得需要某樣工具來幫助你接地、把你帶回現在這個當下，並且幫助你感到安全。關鍵是要留神觀察，專心融入，保有意識但不受制於其中，並留意你正處在安全的環境。

預防乃是最佳良藥

最後，每天都把自己照顧好是發展健康的身心容納之窗最好的方法之一。我們將會在本書第九章對此進行詳細說明，不過現在，你須要知道的是，位在窗內即意味著，你的身體獲得了安全感，而為了讓你的身體有安全感，就必須滿

足身體的基本需求。換句話說，當身體沒有受到妥善的照顧，它就無法感到安全，更遑論是在基本需求沒被滿足的時候。關於「照顧」的意思及其所代表的實際行為，大家可能有一些誤解，這一點我們留待稍後再談。另外，請注意，我的意思並不是說，取得安全感完全是你一個人的責任，你所處的環境當然會影響你的安全感或不安全感，你也不必單憑一己之力去營造安全感。不過現在，你須要知道的是，你可以藉由某些基本的事情來提升安全感。

確保身體獲得充分的營養就是方法之一。簡單的咀嚼和吞嚥動作能幫助你的身體向下調節，讓你重回身心容納之窗，因為這個動作會向身體傳達出「我很安全。我有足夠的食物」的訊息。這是深深銘刻於人體內的生物機制。更重要的是，獲得充足的養分並經過充分休息的大腦和身體，可以為自由意志和創造力開創空間及機會。「休息與消化（rest and digest）」之所以和「戰鬥、逃跑或僵化」互成對立面是有原因的。當獲得充分的休息並補充足夠的營養，我們才

有餘力能把事情想得更透徹、做出符合自身價值觀及目標的決定，並且探索情緒帶來的禮物。創造力是身為高敏感者所擁有的天賦之一，處在身心容納之窗以內，感到安全、情緒受控的時候，運用創造力會顯得容易許多。如果想要開發這些天賦，卻無法安心地探索情緒與接納不安，即使是在日子過得順心的時候亦然，你又怎麼能期待在未滿足最基本需求時，事情會有好的發展呢？

　　此外，你也可以試著規律地去做一些能帶來樂趣的事。這麼做的目的是要讓你用心去享受那些時光，並且了解當身體感到舒適、接地與安全，會有什麼感受。請讓自己保持良好的感覺，不要失神分心，或是進入過低醒覺的狀態。你可以把照顧自己的基本需求，以及從事能帶來樂趣的事情，想像成下次又有事情要把你擠出窗外時的保險措施。事先備妥資源能幫助你對於未來無法避免的事情做好準備，我們將於後續內容中更加詳細地探討要如何做到這一點。

🍂 長期療癒以及治療的作用

研讀本書過程中，你可能會發現，對情緒所做的練習很容易引發特別強烈的感受，使你想要找人傾訴。在安全的環境下，越是去探索、討論及處理情緒，就越容易接納日常生活中會出現的情緒。所以，現在就是專業治療能派上用場的時候了。你也可以透過其他安全的管道來跟別人分享難熬的經驗及情緒，例如參加支持團體，或是找信任的人聊一聊。

如果選擇接受專業治療，我的建議是，要找的治療師不僅應該受過傳統的談話性治療訓練，例如DBT和認知行為治療（CBT）等訓練，也要懂得運用其他能夠直接觸及你的邊緣系統，也就是大腦情緒中心的治療方式。與後者有關的範例包括EMDR、身體經驗，以及內在家庭系統（internal family systems，或稱為IFS）。進行傳統的談話性治療與這幾種特殊治療，都能讓你在受控及安全的環境中與情緒建立連結，透過多種方式來幫助你擴展身心容納之窗。利用語言來

傾訴及探索情緒，可以藉由理解來建立容忍度（下一章將會對此詳細說明），同時也能幫助你療癒自己。

往前邁進

學習了解你的身心容納之窗，以及如何才有可能修復與擴展它，要下不少功夫，很難一下子融會貫通。有很多潛在的過去經歷要納入考慮，有很多因素會造成影響，而其中有些可能不在你的掌控範圍之內。假如以上所說的內容，有任何一部分令你感到無力招架，那是很正常的，沒有關係。學習擴展身心容納之窗須要花時間去練習。此外，要知道，如果你現在開始嘗試依照本章所述的內容做練習，哪怕只是練習其中的一點點，也會幫助你更加接近身心獲得療癒的狀態。進入下一章，我們即將要探討的是，其他能與你在本章所學到的東西互相配合，並且能夠進一步幫助你駕馭情緒之力的技能。

第四章

關注內心，
分享你的天賦：
辨別與描述你真正的情緒

　　身為HSP，你所擁有的情緒體驗是非常豐富的。你的身邊總有很多事情正在發生，總有很多事物會吸引你的注意。如果你能將這些豐富的體驗化成語言、加以描述，不僅可以幫助你療癒自己、善待情緒，也能為周圍的人帶來好處。我之前曾經提過，你所喜愛或深受感動的每一首歌、每一本書、每部電影及電視劇，很有可能都是出自於某位對情緒感受敏銳，並且懂得如何將這種經驗轉化成其他形式、好讓一般人也能夠感同身受的創作者之手。這分天賦就是你能與眾人分享的禮物。也許旁人會時時對它心有所感，也許它偶爾會在大眾的心中引起共鳴，也許有的時候，它完全走不進人們的內心也說不定。不管怎麼樣，它都能讓你感到備受療癒，而在你學習與情緒保持友好、理解情緒、利用情緒來發揮你的優勢，以實現目標，抑或是活出自我價值觀時，它都能為你提供助力。身為情緒敏感者意味著，你的身邊充滿好多豐富的素材隨你運用，包括情緒、想法、見解、身體方面的體驗等等，你只是須要知道應該如何使用這些資訊，以及

如何運用它來發揮優勢。在這一章裡，我會教你一套程序，讓你學會如何分辨感受及引發你產生這些感受的想法，以及如何查證所面臨處境的真實性。這些技巧將能幫助你掌握情緒，學習拋開無益的想法，讓你與自己相處起來更加融洽。學習這些技巧的過程中，你將會發現，情緒會提供寶貴的線索，讓你知道在內心和周遭世界的變化之中，對你而言什麼才是重要的。

如何利用情緒線索

　　想要知道該如何利用這項資訊來發揮優勢，首先要學會兩件事：一是了解何謂「情緒粒度（emotional granularity）」，這是由心理學家麗莎・費德曼・巴瑞特（Lisa Feldman Barrett）所提出的專業術語，意指一個人能夠準確描述其情緒體驗的能力（2018）。二是了解你自己的想法、情緒、感受和衝動會如何產生交互作用、彼此影響。懂

得分辨情緒以及隨情緒而來的衝動，也將有助學習與運用本章所教導的技巧。

　　首先，我們要先釐清一些名詞的定義，好讓我們的想法和認知能夠保持一致。人們有時候會交替混用**情緒**和**感受**兩個詞，但是在這本書裡，我們所指的情緒和感受並不相同。感受指的是身體所產生的體驗。舉例來說，覺得情緒焦慮時，我所產生的感受可能是胃部痙攣；體會到憤怒的情緒時，可能會覺得胸口發燙。學習去區分所體驗到的情緒和身體傳來的感知，並且去認識哪一種情緒會在哪些時候隨著哪種感知一同出現是很有幫助的，因為這表示，你已經開始學會辨別自己獨特的模式和特徵，而且這麼做也能幫助你不被內心所產生的強烈感受給壓垮，尤其是在氣氛一觸即發的時刻。把完整的情緒體驗拆解成不同部分，感覺上比較好管理。

　　話雖如此，但是即使經過多次練習，也無法保證我們總是能夠清楚明白自己內心的狀態。有些時候，你可能只會注意到胃感覺緊縮，手臂或胸口發燙，但這依舊很有幫助。隨

著你對自己和情緒的認識越來越完整，光是注意到這些感知的存在，可能便足以引導你去思考，**我現在似乎有點焦慮，或者我覺得自己好像快要發怒了**。由此開始，你便能對自己所抱持的情緒和想法保持好奇心，去一探究竟。身為高敏感者，你可能會接收到很多這樣的引導，這是非常有幫助的。我們希望能迎接這些指引，利用它們來發揮我們的優勢。問題在於，你要學習如何跟這些線索接軌、用友善的態度留意它們的出現、理解你自身的經驗，並且知道這些體驗會如何影響你的行為。

你的**行為**和**衝動**也是截然不同、各自獨立的兩個東西。舉例來說，假設我覺得難過，我會採取的行動也許是哭泣、自我孤立，抑或是蜷縮在床上，一動也不動。行動是可以被觀察到的。另一方面，衝動則是存在於體內、別人看不見的東西，除非我們依循著衝動行事。這些衝動可能包括生氣時想回嘴罵人的衝動，或是難過時想躲起來不接觸人的衝動。留意行為與衝動之間的差異很重要，因為這可以提醒你，即

使感受到極為強烈的衝動，也可以選擇不採取行動。

💫 精確掌握情緒

　　讓我們再複習一次，情緒粒度指的是，辨別特定的情緒，並利用文字或語言來描述這些情緒的能力（Kashdan et al. 2015）。你可能也曾注意過，無論是透過談話性治療、跟摯友聊天或是寫日記的過程，在向信任的對象抒發情緒、把情緒經驗化為文字或語言之後，往往就會覺得好多了。神經生物學家丹・席格（Dan Siegel）首開先河地創造出「為情緒命名（name it to tame it）」的練習，教導年幼的孩子處理情緒的第一步就是為它們命名，以便知道自己現在所面對的情緒是什麼，而在這項練習的背後，確實是有科學根據的。在我們的大腦中，負責感受情緒的部位（亦即邊緣系統）與我們在練習情緒粒度、嘗試運用辭彙或文字來表達經驗時受到活化的部位（亦即前額葉皮質）是不一樣的。前額葉皮質正

好也是大腦的邏輯與推理中心。因此，用文字書寫或者用話語來描述情緒時，無論是在寫日記、進行談話性治療，或是跟戀人談心，大腦的情緒中心都會跟邏輯和推理中心產生連結。在潤飾及修改對情緒體驗的敘述時，這個過程不僅可以緩和情緒的強度，也能為自己收集很多重要的訊息，創造雙贏的局面。透過言語來訴說情緒時，你會覺得舒服得多。學會分辨不同的情緒，而不再只是以「感覺不錯」和「感覺不好」來看待情緒時，你也將能更加理解自身的情緒體驗。

　　假如你可以注意到情緒的存在，並且描述出情緒，你就能夠理解情緒。藉由理解情緒，你便能更加認識與這些情緒有關的想法和行為，這會讓你能夠更自由地改變自己的行為（如果改變會對你有好處）。想法、情緒和行為是全都串聯在一起的，我們稍後會更加深入討論這一點，不過現在，你須要知道的是，留意情緒以及為情緒命名，是理解情緒和利用敏感來發揮自我優勢的關鍵之一。你所體會到的強烈情緒是隨時可供利用的寶貴線索。

情緒輪盤

　　你大概不太會主動想到要用敘述性字眼來描述情緒體驗。這就是情緒輪盤（Emotion Wheel）好用的地方。現在請花一點時間，上谷歌搜尋引擎，輸入「情緒輪盤」四個字，然後進行圖片搜尋。你的眼前會跳出許許多多色彩鮮艷的圖片，每一張圖長得都像個輪盤，上頭寫滿密密麻麻的情緒用字。谷歌大神還會告訴你，如果你為此感覺深受鼓舞，甚至可以網購一顆印有情緒輪盤的抱枕。

　　這些輪盤的結構設計一般來說大同小異。位於正中央的一小圈是我們最為熟悉的幾種基本情緒，例如悲傷、高興、生氣、憎惡、害怕。從正中央選擇一種情緒之後，後續的選項便會跟著減少，越往輪盤外圈靠近，用字的選擇也會變得越來越精確。現在，請根據自己最近的經歷，嘗試練習使用一下情緒輪盤吧。請想想某件曾經勾起你強烈情緒、仍令你記憶猶新的經驗。接著，請比較一下，由最內圈的圓選出一個詞來形容這項經驗，和由最外圈的圓選出一個詞來形容這

項經驗，分別帶給你什麼樣的感覺。單純選出「悲傷」一詞讓你有什麼感覺？要是更精細地挑出「孤立」或「耗竭」等形容詞，又會讓你有什麼感覺？後者感覺起來是不是更能夠貼近你內心的感受？能夠對自身的情緒體驗給出較為精確的描述時，你將能感受到自己的身心容納之窗隨之敞開，這便將帶領我們進入下一個重要的環節。要留意及理解你的想法，因為想法和情緒是直接相連的。

🌱 想法未必總是真實

就像用心去感受身體感知與情緒會帶來幫助，用心去理解想法也十分重要。想法有可能是隱身在那些痛苦情緒與感知背後的驅動因子。人們很容易把想法看成是事實。畢竟，想法存在頭腦裡，它們的出現是如此自然，感覺想必很真實。但是一旦認知到想法有時候就只是想法，它不會因為經過有組織、有條理地構思就成為事實，這便能讓你體會到極

大的自由。

　再說，想法只不過是從腦中掠過的一段話而已。你有時候可能會發現，當問別人感覺如何，得到的回應也許是：「我覺得我就是做不到」或「我覺得我一定會失敗」。這些回應並不是感受，也不是情緒，而是所謂的想法。伴隨這些想法而來的情緒也許是生氣、難過或害怕等等。不過，儘管想法與情緒或感受之間有著明顯的不同，我們所抱持的想法卻會實際影響到情緒與感受，就如同想法本身也會受到情緒和感受的影響一樣。因此，你要學會改變想法，如此一來，便能改變感受，進而減輕所面對的痛苦情緒。

　那麼，要如何開始熟悉想法、情緒與感受之間的關係呢？每個人一整天下來，會有好多好多想法在腦中穿梭。這些想法有時看似很荒謬，有時合乎邏輯；有時候很嚇人、令人摸不著頭緒，以至於我們根本不知道它們是從何而來。這都很正常，請不要對自己腦中浮現的各種想法做過多揣測，因為它們不見得有意義。與其批判或是下意識地把它們當成

事實，不如以好奇的角度來思考這些想法與情緒和行為之間的關聯性。

　　身為情緒敏感者，你所感受到的強烈情緒很有可能是在告訴你，有某件重要的事正在發生。請試著想像一下。首先，你察覺到強烈的恐懼。你第一件該做的事是運用正念來認識這股情緒。由此開始，你可以專心去體會身體的感受，並且接納這個感受。這會使你對於所產生的想法及任何衝動萌生興趣。這股感受來自何處？你的腦中出現了什麼想法？你自己內心有哪些衝動與這些想法和感受有所連結？

　　向自己提出這些問題的時候，你會開始清楚認識到引發這股恐懼的情況，以及自己所抱持的各種想法。從不同角度來看這個情況時，你會對自己有更多的認識，**因為**你對情緒的感受非常敏銳。這就是身為情緒敏感者所擁有的另一項天賦。

查驗你的想法

有時候，我們須要檢查自己的想法是否有違事實。DBT 熱衷於查驗事實，並且認為這是一項能有助調節情緒的重要技巧（Linehan 2014）。這麼做可以讓你更加理解自己的思考模式與任何容易自發形成的習慣性想法，並且了解這些想法可能會如何影響情緒和行為。養成向自己提出下列問題的習慣，可以有助練習查驗事實，看清事情的全貌（McKay 2019）：

- 發生了什麼事？為什麼我會有這種想法？是回憶使然？還是因為我看見或聽見了什麼？這個想法究竟代表了什麼意義？
- 因為如此，讓你有什麼想法與感受？請具體說明。你有主觀地妄加臆斷嗎？
- 有什麼證據可以支持你的想法與感受？
- 有什麼證據和你的想法與感受相抵觸？
- 面對這個情況，有沒有更正確、更公平的思考方式？

• 你可以如何利用健康的方式來處理這個情況？

　　讓我們舉個例子來說明情緒強度可能與現況事實不符的情形：假設有件事情觸發了你過去的創傷經驗，大腦為了保護你，所以將眼前的這件事視為生死關頭來應對。假如你有發現這一點，就可以合理地自問：「這是一件攸關生死的大事嗎？我的反應是否符合當下所面臨的情況？」

　　有時候，妄加臆斷是人之常情，所以請不要批判或責怪自己。只要你有發現它，就能夠利用這項資訊往前邁進。如果你的想法是建立在假設之上，意識到這件事情會很有幫助，因為你可以藉此改變想法，進而改變感受，或者至少降低情緒的強度。

🌱 反向行動

　　人的行為與情緒和想法之間也有著密切的關連。假設你

對於即將來臨的考試或口頭報告感到憂心忡忡，滿腦子只有「我辦不到」或「我一定會搞砸」的想法，這可能會讓你有股衝動想要拖延或擺爛。倘若你依循著這股衝動行事，讓拖延或擺爛變成實際的行為，這些行為就會增強恐懼的情緒和失敗的念頭，導致恐懼成為現實。順從拖延的衝動只會助長恐懼的停留。

若是在考完試後，你發現自己的想法或情緒強度與事實不符，而你想要改變情緒或是減低情緒強度，反其道而行會是一個好方法。簡單來說，反向行動的做法是：先承認衝動，再查驗事實，如果衝動與事實不符，那就反其道而行（Linehan 2014）。以上面的例子來說，你的恐懼感非常真實，也十分合理，但是那不見得表示它「符合事實」。有什麼證據可以支持「我辦不到」或「我一定會搞砸」的想法嗎？你確定自己做不到或是一定會失敗嗎？在這種時刻，還有另一個必須捫心自問的重要問題：「照著這股情緒行事是有效的做法嗎？」假如你知道面對恐懼時擺爛或拖延最終都

不會有效果，這就是在暗示你要採取DBT的反向行動技巧。要用功讀書準備考試或口頭報告，而不是置之不理。這麼做不僅可以減輕你所感受到的情緒強度，也可以讓你透過更有效、更符合目標的方式採取行動。

　　DBT還舉出了其他關於情緒以及隨之而來的行動衝動和實際的反向行動的例子（McKay, Wood, and Brantlee 2019）：

憤怒：攻擊、批評	反向行動：認可、語調柔和
悲傷：封閉自我、逃避	反向行動：積極、參與
羞恥：封閉自我、自我懲罰	反向行動：賠罪補償

　　與此有關的一個例子也許是，你會因為難過或受傷而產生封閉自我或沉默退縮的衝動，然後你會想找人傾訴、說出內心話，並且有意識地訴說是哪些事情帶給你這樣的感受、它引發了哪些情緒等等，因為你知道長遠來看，這會是比較有效的做法。

自我反思：在注意到你容易顯露出強烈的情緒時，有哪些行動衝動會伴隨這些情緒出現？你經常有想要逃避、孤立自己或是對別人大發雷霆的衝動嗎？請試著回想最近發生的事件。面對當時的情況，練習反向行動是否會是更為有效的做法？如果是，為什麼？你又會採取什麼樣的反向行動呢？

🍃 情緒描述模型

　　DBT的情緒描述模型（Linehan 2014）結合了本章到目前為止所教導的所有技巧，並將之融會貫通，以幫助你了解各項要素之間會如何互相影響。在所處的情況令你覺得是情緒在主宰一切，而且它害你做了錯誤的選擇，而你想要好好搞清楚究竟發生什麼事的時候，這項練習會特別有幫助。只要經常進行這項練習，就會更加了解甚至可以開始預測你的觸

發因子、衝動，以及任何行為模式。到最後，你就能在一張
紙上羅列出每項要素，並且只須要在後方補充說明一兩句話
即可，就像這樣：

促發事件：

脆弱性因素：

想法與詮釋：

生物性變化（內在及外在）：

衝動：

行動：

情緒與情緒強度：

後遺症：

接下來，就讓我們逐一檢視以上各項要素。

促發事件

促發事件是觸發你的想法、情緒、感知及行為的某起

事件。首先，你的情緒受到了擾動，也許它是由外界事物所激起，某件已經發生的事、你已經經歷過的事。有時候，事件的連鎖效應發生得太快，會讓人很難分辨究竟是哪一件事引發了情緒。身為情緒敏感者意味著，你特別容易與周圍的環境契合。請想一想你有沒有過這樣的經驗：在看電視劇的時候，劇中角色說話的方式忽然讓你聯想到以前認識的某個人，某個曾經跟他大吵鬧翻的人，然後突然之間，你感到一陣沮喪。在這個例子裡，促發事件是你聽見熟悉的說話方式，它是在情緒出現之前所發生的事。對情緒敏感代表著你會去注意到環境中的微小細節，而這會讓你有能力辨識出是什麼引發了你的情緒。促發事件也有可能來自於內在。它可以是你腦中突如其來的想法、身體傳來的感受、你所感受到的另一種情緒，這些都有可能是引起情緒的促發事件。某件事情為何會在某一刻觸動某一個人的情緒，答案有太多太多種可能，但是同一件事情若是發生在不同的時間點，可能不會觸動另一個人的情緒。情緒反應甚至有可能會隨著日子而

改變。這就是為什麼我們不應該妄加批判自己內心情緒的原因之一。

脆弱性因素

　　有時候，對於促發事件的詮釋會受到**脆弱性因素**的影響。任何有可能讓你產生強烈情緒或是導致你想法扭曲的外在因素，例如基本需求沒有獲得滿足，都有可能成為脆弱性因素。也許你那一天剛好沒吃飽；也許你因為工作、課業、家庭、其他事情而承受很大的壓力；也許你當天早上跟家人吵了一架；受到藥物或酒精的影響，也會讓你更容易出現強烈的情緒；也許那天稍早有其他事情先觸動了你的情緒。這種可能性可以無止境的延續下去。請記下在促發事件發生當時便已存在的任何脆弱性因素。發現任何脆弱性因素的存在時，請多給自己一點同情與寬容。

你的想法與詮釋

請用心傾聽因為促發事件而突然出現在腦中的任何自發性想法、措辭或語句。現在未必是質疑這些想法的正確性或是查驗現況真實性的好時機。在這個當下,你只須要留意及辨明這些想法,並且觀察每種想法之間彼此如何呼應即可。你可能會注意到有幾種想法特別地強烈,請寫下來。

生物性變化:內在及外在

因為促發事件而閃現的自發性想法使你的身體出現什麼樣的變化?心跳開始加速?腸胃開始打結?身體外在可以被觀察到的變化是與他人進行溝通的潛在方式。此刻的你正在向身邊的人傳遞出什麼樣的訊息?你有注意到自己臉上呈現什麼樣的表情嗎?你的肢體語言是什麼樣子?

衝動

你發覺體內出現了什麼樣的行動衝動?是逃跑、戰鬥

或僵化的衝動嗎？衝動會引發行為，不過前提是你依循著衝動行事。舉例來說，假如有人做了惹你生氣的事，或說了惹你生氣的話，你可能會有想破口大罵的衝動；難過的時候，會有想哭的衝動；感到害怕時，會有想逃走的衝動；情緒潰堤、不堪負荷時，則會感受到孤立和封閉自我的衝動。請用心感受身體的感覺，留意內心出現的任何衝動。再次提醒你，請試著放下批判的態度。單純地留意內心自然形成的感受就好。這麼做會對你有好處，能將對自我的認識化作力量，而不是用來批評自己。

行動

　　行動是他人所能觀察到的行為。也許你是憑藉著衝動行事，又或許你所採取的行為跟所感受到的衝動完全沒有關係。如果當時你的身邊有其他人在，也許你有說什麼，並且試著用言語來表達情緒和感受。因應那股衝動、想法、感受和那起促發事件，你採取了什麼行動？

情緒與情緒強度

你可以利用這個部分來練習有關情緒粒度的技巧。有哪一種情緒字眼可以用來形容你當時的感受？此外，請用心去感受那股情緒有多麼強烈。你可以想像一個溫度計，或是刻度由〇到一〇〇的量表，抑或是某個有如擴大球體的東西。也許你的情緒強烈得像一個即將爆破的泡泡，也許你只感受到些微的壓力。無論你的感受是什麼，請試著了解那股情緒所帶給你的主觀體驗。

後遺症

某件事情的發生激起了你的想法、情緒和衝動——無論你是否依此行事——並且在你感受到這股情緒時，身體出現了變化。因為這一連串的發展，產生了某種後遺症。你是否順從了內心的行動衝動？如果是，這樣做造成了什麼後果？對事情有幫助還是沒幫助？也許你沒有按照內心自然浮現的行動衝動來採取行動，而是選擇了不同的做法。如果是這

樣，採取不同做法的後果是什麼？留心注意後遺症是很重要的，因為它會向你傳遞新資訊，讓你知道每項要素最後將會如何對你的生活產生實質影響。

彙總整合

假設你和你的伴侶正坐在一起閒聊、吃晚餐。你的伴侶漫不經心地脫口說出，你最近安排家庭計劃的速度太慢，懷疑你是不是有專注力渙散的問題。這一番話瞬間引爆了你的各種情緒、想法和衝動，直到幾天後，你都還能感受到那股餘波盪漾。於是，你有意識地記下那些縈繞在心頭的情緒，利用它們來反觀內心，想搞清楚究竟出了什麼問題。以下可能是你內心的整體情況：

促發事件：他說他覺得我可能有注意力不足的問題。

脆弱性因素：最近都沒有睡好。工作壓力很大。一

直覺得自己沒有獲得充分的賞識，我的努力付出沒有得到認可。

想法與詮釋：他不了解也不感激我所做的一切；他不尊重我。他不在乎我會覺得受傷。

生物性變化（內在及外在）：全身發燙、僵硬。雙臂在胸前交叉。覺得胸悶。

衝動：沉默。封閉自我。脫離。

行動：沉默。我不想講話，也不想跟他對話。

情緒與情緒強度：生氣。沮喪。難過。情緒感受相當強烈。總分十分，占六分或七分。

後遺症：憤恨的情緒逐漸累積。我們有一小段時間不怎麼說話。我還是一直覺得情緒緊繃，很不開心。隔天我們就吵架了。

　　從這個範例可以看得出來，倘若到頭來，你依然覺得自己被情緒牽著走，沒辦法擁有多少掌控能力、事情的發展不

如你的預期，或者你對於為什麼事情會變成這樣感到不明所以，這套模型都能幫助你了解情況，搞懂各項要素是如何互相搭建出你所面臨的處境。

在接下來這一週裡，請試著在每天的日常生活中實際應用這套模型。你可以選擇在遇到火藥味特別濃厚的事件時，在你感受到情緒逐漸高漲的當下；或是在事過境遷、內心相對平靜的時刻，可以回過頭來思考某次事件的時候，嘗試應用這套模型。看看你是不是能夠利用各種技巧，來觀察你的感知，辨別你的感受、情緒與想法，並且綜觀考慮所有會影響到你的感受和行為的因素，來更加了解你的感覺與行動，以及提升對它們的掌控力。此外，也要請你留意，你是不是覺得很難透過文字或語言來形容及消化感受，以及你想做出的回應。這種經驗對高敏感族群來說並不少見，因此在下一章裡，你將會學到其他可以用來處理特別強烈的情緒與感受、與身體更有關聯、更以經驗為出發點的技巧。

跟情緒做朋友以及將情緒敏感度視為優點的好處之一

是，你可以不必再把情緒本身當成是必須解決的問題，反而可以反過來思考那些可能構成阻礙的衝動、行為與後遺症。強烈的情緒從來都不是問題。你完全有權利任由內心產生各種強度的各式情緒。倘若你所採取的行動與其所導致的後遺症會令你感到痛苦，運用這套模型能夠幫助你釐清未來可以改進的地方。

🍃 往前邁進

問問你自己：目前正在學習的內容是帶領你更加接近目標，還是更加遠離？它對你有沒有幫助？改變一部分的做法來產生不同的結果，會不會是最有利的做法？了解能夠影響情緒的各項要素，可以讓你在遇到問題時，有辦法釐清發生了什麼事。而你所感受到的情緒，以及這些情緒所表現出來的強度，只是為了要讓你有所意識，只是供你參考的線索，目的是要讓你知道，對你而言，什麼才是重要的，以及你的

內心和周圍世界發生了什麼變化。因此，對情緒報以同情心、友善地對待情緒，依然是你的目標。

　　擁有為情緒命名與辨別情緒的能力之後，一個充滿機會的世界便將在你的眼前展開。你會如何藉由描繪自身豐富的情緒體驗，來造福自己與身邊的人呢？學習描述經驗、將經驗轉化為語言的過程中，你會有什麼樣的感受呢？

　　情緒是與身體有關的體驗，學習利用各種不同方法來撫慰身體的同時，你會開啟更多的機會，讓你覺得有能力運用情緒這分禮物。進行自我撫慰的方法有很多種，透過文字或語言來表達情緒體驗只是其中之一。再說，對於高敏感族群而言，處理情緒體驗時，訴諸文字或語言未必總是最容易採取的方式。進入下一章，我們所要學到的技巧將能幫助你與身體相契合，以進一步理解與平息情緒，從而更容易利用它來發揮優勢。

第五章

感受一切，療癒一切：
與身體合而為一，
才能有效調節情緒

　　有時候，光靠話語是不夠的。這也就是說，運用大腦負責邏輯和語言的部分來處理情緒的這分能力，有時候不是我們想要就有辦法掌握得當，尤其是在情緒真正高漲的時候。在這種情況下，能使自己恢復平靜、善待情緒，而非壓抑情緒的最佳做法之一，就是用心去感受身體的感覺，利用感官知覺來撫慰自我，改變體內的化學反應，以此引導自己走過這場情緒的風暴。這是因為，即使可以透過話語來表達情緒──而且正如前一章所說的，這麼做往往很有幫助──情緒終究是與身體有關的體驗。舉例來說，當有人說話傷害到我，或是發生了什麼令人害怕的事，抑或是在我回想起一次愉快的回憶，我都會感受到某種情緒出現，而且能感覺到那股情緒存在於我的體內。擁有情緒是一種實質的身體體驗，對高敏感族群而言更是如此。同樣地，在練習上一章所傳授的技巧時，你可能已經發現，感受有時候會強烈到根本無法用言語來形容，或是找不到適當的詞彙來加以表達。面對這些時刻，你不必硬要強迫自己利用言語來敘述情緒，反而可

以試著去「感受一切，療癒一切」。這句話的意思是，你可以去接觸情緒，與情緒同在，感受它們在你的體內，讓它們如實地存在。你可以利用許多技巧來練習做到這一點。越認真地去練習感受一切、療癒一切，就越能夠友善地對待情緒，並理解情緒。你的情緒會變得比較容易處理，或許不會再令你感到不堪負荷。此外，運用本章所提到的技巧也可以有效地幫助你擴展身心容納之窗。

🌿 內感受（Interoception）

在開始深入學習不同的技巧之前，有一項重要的概念要先說明，那就是**內感受**。內感受指的是對於身體內部感知所擁有的覺察能力。假如你可以跟身體契合，感覺到什麼時候肚子餓、什麼時候覺得累、什麼時候吃飽了、什麼時候須要上廁所、什麼時候感到難過、開心、生氣等等，就能夠體會何謂內感受。內感受所代表的就是察覺身體內部狀態並讀取

這些資訊的能力。

　　你可以從以上的範例了解到，內感受是非常有用的資訊，它可以讓你知道你現在的狀態好不好，還有你的需求是什麼。我們通常很容易就能讀懂身體的需求，也比較容易對它做出回應。一般來說，我們在了解與回應基本生理需求所透露出的身體線索時，不會帶有太多的思想包袱。但是在面對情緒的時候，儘管處理情緒的需求就跟處理身體的需求一樣重要，很多人卻難以透過相同的過程來理解與回應情緒。內感受是處理情緒的關鍵，因為如果無法體會身體內部傳來什麼樣的感受，就接收不到情緒傳來的全部資訊。對於情緒感受較為強烈且較為敏銳的人來說，內感受特別重要，因為它能提供更多工具以供你自行使用。譬如說，你不見得總是能夠利用DBT的情緒描述模型來分析情緒，特別是在情緒極其強烈的時候。感受情緒的流動可以在你最需要、但未必有能力去特意評估自身經驗的時候帶來些許的慰藉。如果可以透過與身體融合來更加完整地感受情緒，就可以更加理解情

緒，這是身為高敏感者所具備的另一項天賦。

　　首先，就拿一些普遍較容易辨別的基本生理需求來練習內感受的過程。以困倦作為範例，你要怎麼知道自己覺得累了？你第一個想到的答案可能是：「**我就是知道**」，或者「**我就是感覺得到**」。但你是感覺到了什麼？你是怎麼知道的？請關注你的內心，並特別留意這件事，花點時間把感覺寫下來。你會露出一臉倦容嗎？感覺提不起精神？你的身體傳達出什麼樣的感覺？

　　接著，用幾種不同的情緒來重複練習相同的過程。想要探索自己的想法，想試著與情緒契合，並了解自己現在的狀態如何時，你可能會在某些時刻發現，除了「不錯」或「滿足」，自己很難分辨出其他感受。如果是這樣，請試試看你能否要求自己去發現更多的感覺。你怎麼知道你覺得「不錯」或「滿足」？「不錯」帶給身體什麼樣的感受？我敢跟你打賭，這對你來說會是一種全新的體驗，因為大多數人並不會花時間去留意，在感受到不同情緒時身體內部會出現什

麼變化。

　　那麼，當你感到難過、生氣或受傷，又會有什麼感覺呢？當這些情緒出現，可能會比較需要你的注意。請花一點時間去觀察，在感受到這些情緒時，身體會出現什麼樣的感覺。也許你可以做點紀錄來幫助自己熟悉這些感覺。

🍃 認識身心合一的能力

　　對於很多人來說，以上練習縱使表面上看起來很簡單，一旦實際去做，還是會覺得很困難。在下一章裡，將會談到認可與接納情緒的力量，不過，在你有辦法認可情緒之前，必須先能夠真正地感受情緒。所以現在，請想一想：「情緒浮現的時候，通常會發生什麼事？」身為高敏感者意味著，你的情緒就是在那裡，它有可能很洶湧、很澎湃，但是你能有多自在地去感受存在於體內的情緒呢？

　　我有很多個案都是高敏感族群，面對這些個案時，我會

問他們：「待在你身體裡的是什麼感覺？」我會這麼問是因為直覺告訴我，那是場考驗。你的情緒就是在那裡，而且很強烈。因為情緒很強烈，又因為情緒是與身體有關的體驗，它們往往令人無力招架，有時候甚至還會產生肉體上的疼痛。也許你很能夠體會，利用各種令人麻痺的行為來忽視情緒，或者是想方設法擺脫情緒的負擔，而不是去感受情緒的流動。也許你的身心容納之窗很窄小，沒有多餘的空間可以接納情緒。事實上，要具備足夠的安全感去感受存在體內的情緒，並且相信情緒不會把我們給生吞活剝，其實需要非常寬大的身心容納之窗。

　　超出掌控範圍之外的因素會影響到練習內感受的能力，以及用心覺察自身感受的能力，懂得接受這一點是很重要的。比方說，假如你曾經歷創傷，身體會有不安全感完全是正常的。所以，要融入內心的感受會令你感到害怕，或者你就是做不來。在這種情況下，你須要接受專業治療師的協助來擴展身心容納之窗，以幫助你療癒。因此，如果要你注意

可以在身體的什麼部位感受到情緒的存在會令你感到不安或是很困難，請不要為此苛責自己。

　　有很多屬於高敏感族群的個案也會告訴我，他們憎惡自己的情緒。這些情緒太過強烈，似乎總是不「貼合事實」，因而給人一種毫無用處的感覺。我最近詢問一位個案，除了感到沮喪和受傷，他還有什麼其他的感覺。他回答我，他寧願不要有任何感覺。面對他的回答，我的回應是：「所以，基本上你想當個機器人？」顯然，這不是一個有可能實現的目標。就算它能實現，難道你真的想變成那樣嗎？想想你將會錯過的一切。雖然擁有敏銳的情緒感受力可能會帶來強烈的衝擊，但是你也因此獲得了同理心、創造力、堅強的意志力等多項天賦，並讓你有能力領略情緒所傳遞的訊息。我敢保證，放棄這一切絕對是損失。如果你寧可當個機器人，那同時也表示你非常看不起自己。再次提醒，請不要忘記我們先前所談論過的辯證法 —— 你必須承受比一般人更為強烈的情緒，並不是因為你做錯了什麼，你也已經在盡己所能地

處理它，而你還可以再做得更多。你所能夠做的可能比你以為得還要多，即使是在面臨最糟糕的情況下。這也是我們身為HSP和人類所擁有的超能力之一——只要願意把自己照顧好，並對經歷和感受保持開放的心態，我們就有辦法熬得過原先自以為過不了的難關。

　　如果你覺得自己很容易過度依賴頭腦，長久下來已經導致你無法清楚感受體內的情緒，不妨試著運用這些技巧，從小地方開始著手，一步一步地慢慢練習。多年以來，你很可能一直都是藉由思考來處理情緒，而非感受情緒的流動，因此要在短時間之內改弦易轍是很困難的。請記住，允許自己與身體的感受合一，並藉此體驗情緒，會帶來很多幫助。缺乏內感受會阻礙我們消化情緒，也會妨礙情緒的自然發展。不去感受存在於體內的情緒，等於是斬斷情緒的根基，不讓它們在身體裡流動，使情緒變得進退兩難。即使可以暫時忽略這種感受，情緒也不會消散，直到你終於願意接納和傾聽為止。

> **自我反思：** 待在你身體裡的是什麼感覺？敏感度高、對情緒擁有實質的感受是什麼感覺？你經常為此感到痛苦嗎？還是有時可以忍受？仔細思考這類經驗普遍會帶給你什麼感覺時，請對自己寬容一點。

🍃 感受情緒流動的技巧

既然你已經大致了解什麼是內感受、它為什麼重要，以及你個人傾向於融入或忽略感受的模式，接下來便可以開始採用這些專門用來幫助接納情緒的技巧。由於翻騰的情緒真的會在內心掀起洶湧的感受，對你來說，大多數時候，會更容易去感受到情緒的流動（比透過思考來面對情緒更容易）。請利用這一節所教導的技巧，包括深呼吸、分散注意力、借助感官知覺來自我撫慰，以及與身體建立長期信任感來安慰自己，並多為自己開創一些善待自身感受的空間。好

好安撫情緒可以有助練習接納情緒，而接納不只是與情緒保持友好的關鍵，更是利用情緒來發揮優勢的必要條件。這些技能可以幫助你善加利用強大的情緒所帶來的各項禮物。

呼吸永遠與你同在

　　還記得在第三章曾經學過跟副交感神經系統有關的知識嗎？做個深呼吸，把吐氣時間拉得比吸氣時間更長，可以啟動副交感神經系統，而副交感神經系統負責的是休息、消化，以及提醒你的身體你現在很安全。人類的身體與心智之間的連結十分緊密，因此運用這項知識來搭配內感受技巧，便能改變身體感知。

　　感到悲傷、焦慮、喜悅，或是任何其他會帶來肉體感受的情緒時，請用心去感覺是在身體的哪個部位感受到這些情緒。假設你現在覺得很難過，而且注意到喉嚨一陣緊縮，請留心注意喉嚨的感受，然後從鼻子吸氣，一邊關注喉嚨的感受，一邊用嘴巴盡可能緩慢地吐氣。吐氣的時候，請想像漸

漸釋放掉身體的感覺。不必擔心痛苦會不會真的消失，或是身體的知覺會不會出現變化。不必勉強自己任何事，也不必壓抑任何感知，只要專心地感受、吐氣，並想像那股知覺被隨之釋放就好。同時，請練習溫柔地對待自己，你可以試著輕輕地把手放在胸口或肚子上，感受胸腔及腹部隨著一吸一吐而上下起伏的感覺。

這麼做的時候，有沒有注意到那股知覺出現什麼變化？它有逐漸消散嗎？變得比較緩和？或是變得比較容易解決？請留心觀察，下次在你想要感受某種情緒，把它變得比較容易處理的時候，你是不是能夠重複這些步驟，學習去注意你的感受、與它同在，甚至歡迎它的到來？

利用生理學來改變感覺

DBT有一些好用的小祕訣可以改變人體的化學反應，協助降低情緒的強度（Linehan 2014）。我常常稱這些訣竅為「非到緊要關頭不用」的技巧。在情緒十分激動且幾乎沒

有任何東西能夠幫得上忙的時候，請試試看這些方法。請記住，情緒是與身體有關的體驗，因此，運用這些技能可以直搗問題的源頭。

潛水反應（McKay 2019）。這項練習是利用接觸低溫時所產生的尖銳知覺，來阻斷你正在經歷的高度刺激以及任何形式的痛苦。這項練習肯定不如利用深呼吸來淨化身心的做法那樣令人愉悅，但是它確實能夠在必要時奏效。這項練習會減慢心跳速率，因此須要注意的是，在沒有事先跟醫師討論的情況下，不建議進行這項練習，尤其是患有心臟疾病或是有服用乙型阻斷劑的人。

　　這項練習有幾種不同的做法。一種做法是拿一個水盆裝滿冷水（溫度不低於攝氏十度），吸一口氣後憋住氣，把臉浸入冷水中。等過幾秒鐘之後，再抬頭換氣。視需求而定。可以重複這個動作好幾次。不過，我們不見得隨時都能拎著水盆去裝水，所以另外一種折衷的做法是，用兩根手指去摸

冷凍庫裡的冰塊，等手指變冰，再用手指去觸碰臉頰，同時
深吸一口氣，憋住氣，再彎身向前，保持不動幾秒鐘。進行
上述任何一種練習的過程中，如有覺得頭暈或是有感受到任
何疼痛，請立即停止。完成這項練習後，你會感覺到自己的
心跳慢下來，也會覺得自己變得稍微比較受控，那是因為這
項練習刺激了你的潛水反射。實際潛入冰水中時，身體會為
了求生而保存能量，因此，所有非完全必要的身體功能會逐
一停擺，其中便包括由於強烈的憤怒、焦慮或任何其他情況
所造成的心率上升。

高強度運動（McKay 2019）。還記得在第三章曾經提過「抖
動全身」的技巧嗎？活動身體有助於釋放創傷或是任何會將
我們擠出身心容納之窗的事物，同樣地，活動身體也能夠幫
助情緒在體內流動。廣義來說，流汗、提高心跳速率，以及
促進大腦分泌腦內啡，可以幫助你在心理上和情緒上的感覺
更為良好。具體而言，在情緒達到高峰時，短暫進行一些劇

烈的運動可以幫助我們更快速消化情緒，並調降情緒強度，使我們更容易運用其他技巧來協助安撫自我。靠牆深蹲（wall sits）、開合跳、打拳擊，或者是來點舞蹈動作，都是很適合的運動。時間不用太長，只要足夠消耗一些能量就好，另外要記得的是，在運動過程中，要一邊調整呼吸，一邊聆聽身體的訊息。這麼做應該不會令你感到難受才對。再來，假如你過去曾經養成不健康的運動觀念，可以跳過這項建議，直接嘗試其他技巧。

利用感官知覺來進行自我撫慰（McKay 2019）。透過各種感官功能來與身體合而為一，不僅可以幫助你培養內感受的能力，也能夠協助處理情緒。以溫和、好奇的態度來接觸情緒並感受情緒的波動，能讓你有機會了解可能引發情緒的源頭。消化情緒是一件非常有療癒效果的事，特別是在你從來不曾真正以友善的態度來面對強烈情緒的情況下。以和緩的方式來與情緒建立連結，可以溫和地提醒自己，你的情緒值

得你的同情（下一章將會對此詳細說明）。縱使你的情緒比較強烈，縱使它有時會令你感到痛苦，那也不代表你的情緒不值得被溫柔對待、被慈悲關懷。

- **嗅覺**。人類的嗅覺與其他感官不一樣的地方在於，人類大腦處理嗅覺的區域會與處理情緒記憶的區域互相影響。刻意嗅聞令人愉悅或是對自己有重要意義的味道所帶來的慰藉，與其他感官所能提供的撫慰稍微有點不同。對你來說，有沒有哪一道食譜或菜餚別具意義？有哪一款蠟燭、精油或乳液是你特別喜歡的嗎？與這些氣味有關的回憶也許能夠以一種極為獨特的方式來舒緩你的內心，這是其他感官所不能及的。

- **味覺**。偶爾透過吃東西來撫慰自己是人之常情。對於人類而言，飲食的目的不僅僅是為了生存，也是為了舉辦慶典、參與社交、建立社群以及互相照顧。品嚐食物可以透過各種方式帶來舒緩的效果，而要做到這一點，也有幾種不同的方法。有時候，特別留意哪種食物或飲品

可以帶給人開心的感受是很有幫助的。也許那會是你最愛吃的零食、點心或菜餚？也許那是與你的家庭有所連結，或是會讓你回想起童年的某種東西？你可以嘗試去做的另一件事是用心融入情緒，問問它們需要什麼。比如說，如果情緒需要的是一個安慰的擁抱，那麼享用熱騰騰菜餚所能產生的撫慰效果，將會是有別於此的食物或飲料所無法提供的。

- **視覺**。找一些賞心悅目、有趣或迷人的東西來看。那可以是你家愛犬的照片，也可以是幾年前旅遊拍下的紀念照。上網搜尋宇宙或夜空的圖片，並仔細觀察圖片裡的細節，注意有哪些東西吸引你的目光。走到戶外去，細心觀察天空是什麼樣子、天空中有沒有雲、雲朵呈現的形狀，或是專注地檢視樹上的葉子，留意樹葉的型態與質地。你也可以上網搜尋鍾愛的城市照片，或是翻閱藝術相關書籍。進行以上各項練習時，請留心觀察身體帶來什麼樣的感受。

- **聽覺**。絕大多數人都曾經在生命中的某個時刻,透過聽音樂來提振心情,或是陪伴自己度過情緒的暴風雨。利用聽覺來調整情緒就跟運用味覺一樣,可以試著先用心感受情緒,問問它們現在最想聽的是哪種音樂。也許那會是寧靜又平和的音樂,或者是節奏感強一點的音樂。也許是與特別的回憶或時光有所關聯的音樂。又或許在那個當下,可以安慰你的其實不是音樂,而是另一種聲音,例如烘衣機運轉的聲音、下雨的聲音、來自森林的聲音、海浪拍打的聲音、白噪音、城市的噪音,或者你須要的只是刻意閉上眼睛,專注地聆聽所能聽見的任何聲音。假如你很幸運地知道如何演奏樂器,彈奏樂器也是很棒的方法,可以一邊讓情緒流過身體,一邊留神傾聽耳邊流淌的療癒之音。

- **觸覺**。在家裡,哪一種東西摸起來最舒適?是你心愛的毯子?最愛的寵物?塗抹乳液的手感(嗅覺與觸覺二合一的體驗)?也許,花長一點的時間悠閒地洗個熱

水澡、幫自己按摩，或是換上比較舒服、質地柔軟的衣料，是更能有效利用觸覺來產生撫慰效果的做法。不管你想怎麼做，訣竅都是要有意識地進行這些練習，用心去感受身體的知覺，並留意這麼做所帶來的感受。

跟身體建立長期信任感

以上提到的多種技能都可以即刻使用，在感到情緒特別激動或脆弱的時候，便可立刻派上用場。但是，就如我之前所提過的，你須要花時間去培養內感受的能力，並和身體與情緒建立起真正的信任感。練習去留意身體帶來什麼樣的感受、在身體的哪些部位可以感受到情緒的存在，以及何時才會有安全感來進行這些練習等都是需要時間的。幸好，你還有其他的選擇，也就是可以用來跟身體建立起信任感和安全感的長效性技能。

瑜珈及其他會涉及到全身的運動類型（諸如籃球、跳

舞、排球、網球，以及其他多種運動）是可以幫助你練習與身體培養信任感的範例。這些運動須要你與身體合而為一，去感受身體當下的狀態，並接收身體傳來的暗示。這些運動也牽涉到呼吸與動作之間的協調，並可透過呼吸來引導你度過情緒的潮起潮落。無論是練瑜珈時的姿勢變換，或是練習快速運球的動作，這類型的活動都能幫助你與身體建立起信賴關係。有些人從來沒有機會跟自己的身體產生這樣的連結，也不見得有機會接觸運動。學習永遠不嫌晚，而且你完全可以依據自己的需求來選擇適合的各種不同運動。舉例來說，在YouTube上很容易就能找到椅子瑜珈的教學影片，另外，倘若你願意花點心力去查詢，也許會很驚喜地發現，住家附近的健身運動中心的入會金額其實很低。

逐步練習去用心體會情緒，並留意是在身體的哪一個地方感受到情緒，也能夠隨著時間培養出你對身體的信任感。舉例來說，在感到受傷時，請留意是在身體的哪個部位感受到這股情緒，並且溫柔地提醒自己，這股情緒很重要，

你正在專心地感受它，也許你可以試著溫和地告訴自己「我懂你」，然後只要正常呼吸就好。時常進行這種簡單的練習將會使你明白，你可以忍受待在這個身體裡，並且去感受情緒。

在接下來這一週裡，請試著記錄這項練習的進展。在一天之內，請試著有意識地觀察與分辨情緒至少一次。辨別出那是何種情緒之後，請注意是在身體的哪個部位感受到這股情緒。也許那是一股緊張的情緒，讓你覺得喉嚨緊縮？抑或是快樂的情緒，令你的胸口感受到一股暖意？一旦能明確地指出身體的感受，接下來只要練習與情緒共處，並利用呼吸來帶走情緒即可。

往前邁進

上一章所介紹的技巧（查驗事實、情緒描述模型）可以非常有效地改變你所體會到的情緒，幫助你利用情緒來發揮

優勢。但是,情緒不見得總有辦法說清楚、講明白。而且有時候,當情緒達到某個高點,推理技巧和邏輯思維也會變得毫無用武之地,即使想求助於它們,也會感到心有餘而力不足,因為情緒是發自內心的感受。不過好消息是,你可以利用在這一章所學到的技能,有意識地融入自己的內心,單純地去感受與體會情緒存在於體內,並尊重它們就是你內在的感受。

話雖如此,我們有時還是須要接受額外的幫助,才能使自己有能力去練習感受內心的情緒。也許你很難要求自己去接納情緒。不管你已經擁有多少能幫助你感受情緒的工具,你首先就是會對自己必須進行這些練習感到憤恨不平,面對這些感覺實在是讓你覺得不堪負荷。站在人性的觀點,這完全是可以理解的!但是,如果拒絕接受情緒、視它們為無用之物,或是去怨恨它們的存在,那只會更加難以感受情緒的流動,也就更難撫慰自己。在這種時候,你需要的是自我認可。進入下一章,我們就要來探討為什麼即使情緒來得沒有

道理，仍值得被友善對待，以及為什麼它們本身就是合理的
存在。

第六章

自我認可的力量：
寬容地對待自己，
承認你擁有的長處

　　自我認可——認同自身情緒及經驗的做法——是身為HSP的你所擁有的一項非常重要的工具。對自我或他人表示認可的意思是，你願意認同自己或別人的情緒或經驗，並且願意接受這些情緒或經驗的真實面。它就像是一種神奇的補藥，雖然不見得總是好下嚥，特別是在剛開始練習使用它的時候，但久而久之，它為情緒所帶來的舒緩效果卻會是其他多種技巧所無可比擬的。因為情緒本來就想要、也須要被傾聽與被認同。畢竟，情緒所挾帶而來的重要訊息是關乎於你的需要，以及你目前過得好不好。即使情緒會令你感到痛苦、讓你覺得為難，並且「有違事實」，但它們依舊是合理的。它們之所以有道理，是因為它們確實存在。它們是透過你的經歷所產生的自然反應，這使得情緒本身就有合理性。

　　擁有特別強烈的情緒反應或許意味著，你有時會須要刻意地提醒自己：「你有權利擁有情緒，你可以放心地去感受它們，而且它們的出現是合理的。」也許你有注意到，面對朋友、家人與熟悉的對象時，你很習慣表達認可。你會告訴

對方，感受到情緒的存在並不是壞事；會有這些情緒是很正常的；你表現得很好等等。關心別人的時候，自然而然就會產生這種同情心。但是，當那個對象換成是自己，這些能力不知怎地全都化為了烏有，你對待自己的態度就是會比對待其他人來得嚴厲許多。如果以上的描述聽在你的耳裡感覺有那麼一點點熟悉，就表示你真的須要好好認識一下「認可」的含意，以及要如何練習表達認可，還有更重要的是，**為什麼要練習表達認可**。了解這項技能為何如此重要之後，你便能看見，身為情緒敏感者能使你受惠的各種機會。

　　自我認可能夠帶來撫慰人心的效果，從而降低情緒的強烈程度，使我們可以對情緒保有好奇心，妥善地處理情緒。自我認可不僅是體貼又富有同情心的做法，更具有實用意義。越努力練習，就越容易善待情緒。身為HSP，有沒有練習自我認可的差別就在於，所產生的強烈情緒是會變得益發劇烈、造成更多的痛苦，還是會因為被認真對待而漸趨和緩。

　　這一章所要講的內容，將會突顯出抱持認可與不認可

的態度所造成的差異，打破你對於表達認可所抱有的各種迷思，並深入探討可以用來練習自我認可的多種技巧。透過運用這些技巧，便能撫慰自己的情緒，創造出空間來練習你在這本書中所學到的其他所有技能。儘管你是一位高敏感者，更正確地來說，正因為你是一位高敏感者，所以你願意為在乎的人所付出的那分溫暖、憐憫與關心，你自己也值得擁有。特別是在情緒飆升到最高點的時候，你更應該藉由表達認可，以及承認情緒為你做的一切，來給予自己這些慈悲與關愛。

🌱 認可與不認可：實際的表現方式

　　我經常發現，很多人以為自己知道認可自我或他人所代表的是什麼意思，但是卻不曉得該如何付諸行動。那是因為人們有時候會對以下的問題感到困擾：假設自己並不是非常清楚某人（包括他們自己）為什麼會有那樣的感受，或是假

如自己堅決地認為，某人所感受到的情緒不應該是這樣、而是怎麼樣才對，那麼在這種情況下，要如何去表達認可呢？舉個例子來說，假設你的伴侶下班回家之後告訴你，今天跟同事之間出了點狀況，一整天下來覺得十分地煎熬。他／她覺得自己的工作機會被搶走了，因此感到既生氣又挫折。也許，你一聽完這些抱怨，馬上就切換為問題解決模式，想要幫你的伴侶找出實際的解決辦法。或者，你也有可能在心裡暗自思索：「**我不懂你幹嘛不直接跟你的同事說你想要的是什麼就好了。**」或是「**我覺得這件事聽起來不是什麼多嚴重的問題。**」這些想法都無所謂，也許你想得都對。不過，這不應該影響你此刻能否對伴侶表現出認可的態度。即便無法理解對方的氣憤與消沉，你還是可以說：「想要有好的工作表現，卻被晾在一旁，感覺真的很不好。」你覺得，你的伴侶在聽到你給出前後兩種不同的回應時，各會產生什麼樣的感受？當你給出的是像後者這樣表示認可的回應，可以緩和對方的情緒，並創造出安全的空間來進行深入的討論；而當

你回應的方式是如前者那般帶有不認可的意味，則有可能使
對方的情緒變得更加惡劣，導致對話就此中斷。其實，經過
一些時間之後，你的伴侶很有可能就會自己想出可行的解決
辦法，尤其是在你認同他／她有權利暫時沉浸在這分痛苦之
中並找人傾訴，而後才開始設法解決問題的情況下。忽視對
方的情緒體驗，直接想辦法解決問題，會令對方產生不被認
可的感受，所以那些不是當下應該要做的事。這個道理也同
樣適用於你與自己之間的關係，以及你在進行自我對話時的
過程。最重要的是，請承認你的感受。它們的出現是為了要
讓你有所體會，它們之所以存在是有原因的，強烈的情緒是
一種明顯的暗示，要求你關注內心，並傾聽情緒要說的話。
當感覺到內心出現強烈的情緒，你會立刻切換成解決問題的
模式，試圖把事情合理化或是把情緒壓抑下來嗎？在萌生強
烈的情緒時，你有多了解要如何與自我溝通？

　　相較於長時間不認可自我的情況，長時間不認可他人的
後果，顯化的速度可能會比較快。也許你會開始遭受別人的

批評，和伴侶之間發生口角的次數可能會增加，你也可能會注意到，你所經營的人際關係無法帶給你充分的信任感或安全感。但要是對於自己抱持著不認可的態度而不自知，或是沒花時間去嘗試改變對待自己的方式，請把這視為你的求救訊號。至少，你值得用與對待他人同等的善意、寬容和同理心來對待自己。

　　大家常常會用一句話來否定自身的情緒，那就是「我不應該這樣想」。由於你對事物的感受極為深刻，或許很容易會因此認為，情緒時常誇張得不成比例。你相信，當有事情引發難過或是生氣的情緒，總是會讓你產生**過於悲傷**或**過於憤怒**的感受。如在第四章所討論過的，這有可能是因為扭曲的想法牽動了情緒，而這些扭曲的想法不見得「符合事實」。倘若你有辦法分辨得出這種情況，感受到情緒可能會讓你覺得特別有挫折感，因為你知道它們並不符合現況所該引發的情緒強度。但是那並不表示情緒有問題，抑或是會帶來壞處。情緒是在受到刺激之後所產生的自然反應，正因為

是自然反應，所以它們本身就是合理的存在。

假設你主動跟一位朋友聯絡，想安排時間見面，但過了一段時間之後，對方依然沒有回覆。就這樣，隨著她平常會回訊息的時間點一再過去，你的腦中開始不由自主地浮現**「她沒有那麼喜歡我，所以不想花時間跟我出去」**的念頭。伴隨這種想法所產生的情緒八成讓人很不好受。你可能覺得很難過、受傷、失望，甚至是丟臉。由於你非常敏感，會很敏銳而且強烈地察覺到這些感受。從邏輯上來說，你知道她沒回你訊息的原因有百百種。你很清楚她不是在針對你，所以你的感受令你感到很灰心。

在這個例子當中，必須思考幾件重要的事情。首先，情緒是自發性的反應。你並不是經過考慮之後，刻意去選擇覺得受傷和丟臉的。情緒是與生俱來的權利，因為它們是生而為人、身為你這個人，所自然擁有的一部分。你感受到的情緒是什麼，它就是什麼。即使你會因為它們帶給人的直覺感受並不合理，或是因為它們令你感到很為難，而試著去對抗

情緒或者討厭自己，這一點也不會改變。另一個重點，或許也是比較重要的一點是，不認可情緒可能會導致錯失它們試圖捎來的重要訊息——這段友誼對你而言很重要！建立緊密的友情、與他人共度寶貴的時光，構成了你價值觀系統中的一部分，也跟你想要擁有理想的人際關係的人生目標相符合。所以，你當然會覺得這很重要，**這是很合理的**。後續我們將會在探討自我認可的技巧時，更深入說明這個過程。現在，你應該要從這個範例中學到的是，即使情緒與事實相違背，也不意味著它們有問題或是會帶來壞處。

🍃 表達認可的做法

　　有很多種形式的做法可以表達認可。我們時常會把認可想成是在回應他人或是與自我對話時說出的話，這些是我們截至目前為止所討論過的例子。但是，認可不只是你對自己或他人所說的話。有很多種做法可以表現出認可的態度，而

掌握其中的多種方法可以讓練習變得更容易。現在就來認識這些方法吧。

讓對方知道你有在聆聽。請給予自己及他人適度的尊重，讓對方知道你有在專心聆聽，而且是真的很想了解他們發生了什麼事。當有人心情不好，或是想與你分享心事，請放下任何會令你分心的事物，把注意力完全放在對方身上，盡你所能地專注。內心出現痛苦的情緒時，請以相同方式對待自己，放下任何會令你分心的事物，專心融入並用心感受情緒體驗，包括想法、感受、情緒，以及各種衝動。獨自一人在家時，若發現自己的思緒不停飄向工作上發生的事，而這使你感到有些焦慮、氣餒或難過；接著，你突然感受到一股衝動，想要打開電視或是埋頭滑IG。如同先前所提過的，分散注意力這一招有它適用的時間和場合。當痛苦的情緒十分高漲，以至於須要借助某樣事物來調降這股負面的情緒到你能控制的範圍，採取分散注意力的技巧會很有幫助。但是，

面對上述這種情況的時候，你是不是可以嘗試要求自己往內去關照內心，而不是去逃避接觸那些感受？你能不能利用這個機會傾聽自己的內心，告訴自己「你有在聽、你有在注意」，並且準備好要認可自己了呢？

重述。對自己及他人進行重述 ── 也就是換個方式來重新表述你所聽見的內容，好讓對方能夠確認你的理解是否正確 ── 在本質上具有認可的意義，因為這表示，你有在試圖理解所得知的消息。對他人進行重述時，不必太擔心表達方式究竟對不對。因為對方隨時可以修正你的說法，也能夠藉此機會更準確地告訴你他們的經歷。知道你正在努力理解他們的處境，可以讓當事人有機會吐露更多內心的感受，而這件事本身就能夠發揮撫慰心靈的作用。至於該如何對自己重述內心的感覺？要知道，情緒本就渴望被表達，這使得我們天生就想要透過語言來說明自身的經歷。明白這一點之後，只要以放鬆的心態去判斷敘述是否符合內心的情況即可。想

一想在第四章所探討過的情緒粒度技巧。探索情緒的細微差別，並對事件經歷進行描述，可以使人獲得認可與內心舒暢的感受。

提供補充說明。這可以算是重述的一部分。不過，請不要只是一味地重申對方剛才說過的話。舉例來說，假如對方表示自己覺得很受傷，與其單純地複述：「你聽起來很受傷。」不妨試著換位思考，設身處地為對方著想，就算只有一秒鐘也好，看看能否經由對方的感受和經驗產生更多的共鳴。你可以了解為什麼當時的情況會令他們感到受傷嗎？若換作是你，會有什麼感受？也許你可以這麼說：「要忍受別人無禮的行為真的很討厭，換作是我也會生氣。」

運用肢體語言來表達認可。有些時候，即使只是做個鬼臉、嘆口氣，或者只是露出感同身受的表情，就能夠讓對方感受到深切的認同感。這可以讓對方明白，至少在某種程度上，

你能夠理解他們的情緒，或者你內心有一部分也有同感。請練習以肢體語言來表達坦誠與開放的態度，常見的具體舉動包括身體正面面向對方、進行眼神接觸，以及坐下時雙手不要交叉放在胸前。

🌿 對自己使用表達認可的技巧

　　假如你知道向他人表達認可，以及接受他人對自己表達認可時，實際上該怎麼做、該怎麼說，那麼，產生什麼樣的感覺時你會比較容易給予自己認可？當某個很在乎你的人想要了解你的情緒體驗，並且告訴你或是讓你知道，你的感覺很合乎常理，請留意內心出現了什麼感受。現在請試著想像，你能夠透過與自我對話的過程來給予自己同樣的關心。想像一下這麼做會如何改變與情緒之間的關係，如何創造出空間來運用情緒，而不再覺得情緒老是在跟你作對。接下來，首先要做的是，深入了解你在面對認可與不認可的態

168

度時，習慣採取的模式以及過去的經驗。然後就能確實打破你心中對於自我認可可能還存有的任何迷思。最後，我們將會介紹幾種實用的方法，你可以依照這些方法來練習自我認可，並將之應用於自身。

你在面對認可與不認可的態度時所習慣採取的模式

請看進你的內心深處，誠實回答這個問題：你是不是習慣找其他出口來發洩情緒，因為那彷彿是你唯一能夠認可它的方式？比如說，也許你在重要的大考表現失常，或是跟最好的朋友起了爭執，於是你不顧一切地狂飲，想要灌醉自己。也許你曾經對某人口出惡言，因為對方刺傷了你的感情。有時候，你會覺得唯有做出誇張的反應才能使情緒獲得認同，這種想法尤其容易出現在尚未具備自我認可能力的時候。情緒終將藉由其他管道來進行宣洩，因為它們沒有獲得適當的認可，而你在無意之間形成的思路將會變成是：「**我得把這股情緒放大十倍，別人才會曉得我有多難受。假如別**

人能夠了解我有多難受，我才能夠真正認可自己的感受。」

因為情緒運用不當而做出的行為，八成無法拉近你與自我長期目標之間的距離，而你大概也能猜到，運用自我認可的技巧才是能帶來長遠助益的做法。這也是另一個須要給予自己同情心和同理心，並且花心思去體認辯證法的關鍵時刻。我們都在利用截至目前為止所學到的應對技巧，盡可能地發揮最好的表現。而且，只要掌握到正確的工具，我們都能夠做得更好。

倘若你的情緒在過去很少受到他人的認可，那麼對你來說，要迎頭直視情緒並給予自我認可，會顯得特別困難。這一點與第二章所學到的內容有所呼應。存在你生命中的人人曾經帶你見識過他們處理澎湃情緒的方式，同樣的道理，他們也曾示範過（或不曾示範）認可情緒是怎麼一回事。嘗試接觸過去不曾見識過、沒有太多機會去練習或是新學到的技能時，請溫柔地對待自己。

自我反思：成長過程中，有沒有人曾經告訴過你，你的情緒不但合理，更值得被認真地對待？他們是怎麼讓你知道這一點的？他們有對你重述他們所看到和聽到的事情嗎？在你表現出極端情緒時，有沒有人曾經特別關心過你，並且努力地想要了解你發生了什麼事？換個角度來說，在你成長的過程中，曾經有過許多不被認可的經驗嗎？那是什麼樣的情況？

　　學習分辨具有認可意味與不認可意味的表達方式最好的方法之一，就是回憶以前受到認可時的經驗，以及那帶給你什麼樣的感受。透過觀察與他人互動的模式，以及處理自身情緒的方式，便可以觀察出有哪些事物能帶給你寬慰和舒服的感受。這大致能讓你知道，怎麼做才能為自己帶來相同的撫慰與舒適感。舉例來說，也許你的好朋友以前總是會鼓勵你完全安心地去感受情緒，他／她會對你說：「你會對這件

事情感到生氣是很正常的」或是「覺得難過也沒關係」。請用這個聲音來安慰自己，在需要的時候提醒自己，你可以去感受任何自然浮現於心中的情緒，沒有關係。此外，如果能夠盡力瓦解掉內心對於表達認可所抱有的任何疑慮，會更容易做到這一點。

揭穿認可的真相

　　我發現，人們在談到認可的時候最常有的錯誤觀念之一，就是相信認同或關注情緒只會導致情緒越演越烈，一發不可收拾，或是延長這分感受停留的時間。有很多人在面對自己及他人時曾經陷入這樣的困境。我有時候會聽到有人這麼說：「假如我告訴對方，我了解你現在的心情一定很不好，只要聽到這句話，他們接下來就不可能會承認自己的所作所為其實非常沒道理。」你是不是認為別人或你自己很不講道理其實並不重要。這一點跟你在事情發生的當下能否表

現出認同的態度沒有關係。情緒本身總是其來有自，所以在心有疑慮的情況下，只要先給予認可就好。不過，換個角度來想，在對方所經歷的事件當中，很可能也有某些層面是你會願意表示認同的。

關於認可，你應該記住的一項重點是，只須要去認可那些站得住腳的部分就好。給予認可不見得代表必須一概同意某個人因應某件事所做出的回應。譬如說，如果有人告訴你天空是綠色的，認可對方的觀點並不代表我們贊同這個論點，而是意味著我們可以就這件事展開一場對話，同時也能夠認可或許就對方的經驗來說，他們會這樣想是很合理的。也許他們從小就是被這樣教育的。如果是這樣，他們會產生這樣的信念自然十分合理。不管怎麼樣，我們都可以認同那對於對方來說是很真實的體驗。

請回想一下本章一開頭曾經舉過的一個例子。假如有人跑來向你訴苦，說自己因為好友沒有及時回覆訊息而心裡不舒服，結果你一聽完之後，馬上就跟對方說「你這樣想不

合乎邏輯、不夠理性」等等，那只會讓對方深切地感到不被認可而已。因為你搞錯重點了。也許你說得沒錯，當事人的反應並不理性。但是，把焦點放在這整件事情當中合理的部分——也就是當事人由於非常看重這段友誼而產生的傷心感受——將更有助於舒緩對方受傷的情緒，而且這麼做也能令對方敞開心房，由此或許便能改從這件事的邏輯層面來進行分析。

　　情緒本身十分渴望被聆聽與被認同，因此，在對事情提出任何解決方案或推論之前，先表示認可是比較有效的做法。給予認可不會導致情緒持續逗留，反而會縮短情緒滯留的時間。獲得認可能夠進一步驅使人們去發現而非遠離事情的另一面。

　　最後，獲得認可還可以緩和情緒，讓你有更多空間去感受安全、受控及放鬆的狀態，並創造出空間來幫助你留意情緒試圖傳達的訊息，好讓你能夠善待情緒。就是因為對情緒擁有強烈的感受，你才有機會去探索自己的需要，並了解

174

自己現在過得好不好，這些都是情緒在嘗試透露的訊息。至少，這也讓你有機會給予自己所值得擁有的同情心和同理心。

🍃 表達自我認可的技巧

　　練習自我認可的過程可以區分成幾個步驟。第一個步驟包括透過辨別情緒，以及提醒自己可以去感受這些情緒來練習接納情緒。接著，就要看看你能不能夠承認為什麼會出現這些感覺，看看你能否告訴自己，**你的感受很合理**。最後要做的，則是認同你目前已經做得很好的部分，並且看看你是否可以理解自己的反應和行為，以及根據你在當時或當下情況中最重視的東西，判斷出你**想要**做出什麼樣的回應。以下就針對各個步驟來一一深入進行討論。

接納

　　給予自我認可的第一步是要開始練習接納自己的情緒。

本書到目前為止所談論的內容一直在灌輸這樣的觀念。即使不了解情緒，或是不喜歡它們帶來的感受，仍要記住，縱使情緒會令你感到痛苦，它們依然是朋友，它們之所以存在就是為了帶來重要訊息，記住這些事將能幫助你接納情緒。不論是高敏感族群也好，一般人也好，大家都會產生令自己討厭的情緒，這是很正常的經驗。人們會出現這樣的想法：「**我不想因為這種事情感到生氣。我不喜歡這種感覺。真希望我可以不要氣成這樣。**」對於高敏感者來說，這種感覺會更加強烈，因為你是真的能夠感受得到情緒升起的那個瞬間（即使那是你寧可不要有的情緒）。

懂得透過為情緒命名來運用本書第四章曾經介紹過的情緒粒度技巧，是接納情緒的另一個重要步驟。只須要先學會說出：「我覺得很生氣。我感到很失望。這件事很令我沮喪。」就行了。不管那聽起來如何，請先承認你所經歷的現實情況，從那兒開始著手。記住，你有權利擁有情緒，這會比較容易接納情緒的存在。情緒是由經驗所自然產生的一部

分，而擁有高敏感度及對情緒的感受較為強烈，並不會改變你有權利擁有情緒這件事。這就像是在提醒你，憤怒、悲傷、嫉妒，或是其他任何會令人感到不舒服的情緒本身都不是壞事。你可以去感受這些情緒。擁有這些情緒並不代表你是個壞人。身而為人，會感受到各種各樣的情緒是很自然的。

承認

　　接下來要看看，你是不是能夠承認自己為什麼會有這樣的感覺。從你所扮演的角色來看，產生這種感覺是合理的嗎？回想一下本章開頭曾經提過的，因為朋友不回簡訊而感到失望和受傷的例子。沒錯，也許你真的太快對事情下定論，但即使如此，你所感受到的失望和受傷依然合情合理，因為那段友誼對你來說很重要。再說，沒有人喜歡被忽略或是被拒絕，所以如果被忽略或是被拒絕的想法一直在腦中盤旋不去，那當然會令你產生失望和受傷的感受。「你會有這種感覺**是很合理的**」，光是這樣簡單的一句話，就能帶給人

充分被認可的感受。

重視自己表現得當的部分

讓我們繼續順著本章開頭所舉的例子來思考，現在請換個角度想一想，你從這個經驗當中可以擷取到哪些正面的資訊？首先，主動與朋友聯絡就是一種有正面意義的舉動，那說明了你在乎也想要努力維持這段關係。遇到範例中這種情況時，你可能須要給自己些許的同情和一點安慰，讓你知道自己已經盡力了，而且你沒有做錯任何事。假使你覺得難以從經驗當中汲取正面的訊息，仍然要提醒自己，你值得被同理與慈悲地對待。也要提醒自己，你有能力處理令人痛苦難堪的劇烈情緒。你不僅僅有辦法面對它們，對情緒敏感與擁有敏銳的感受更是你的強項，你會因此而更容易練習所學到的技能。

自我反思：想想最近一次情緒帶給你不好的感受，或是情緒過於強烈，令你無從控制的時候。在當時或是在未來，有哪些可以用來表達自我認可的說法可能對你有所幫助？在這些時刻，有什麼最能夠帶給你認可的感受？又有什麼能夠撫慰你的心靈？也許那只是很簡單的一句話：「這真的很困難。你現在會覺得難熬是很正常的。」有時候，當現實世界真的令人痛苦難耐，你根本什麼話也不會想說。這就是為什麼，你必須要有一些在需要的時候，能夠讓你放心依靠的小提示。

🌱 往前邁進

要養成「以認可的態度來回應自己」的習慣是一項考驗，尤其是當你在過去有很長一段時間是以對立的態度來面對自己。但是，相較於不是特別敏感的一般人，高敏感族群會更須要具備這項技巧，以及擁有這些提示。這麼做可以緩

和那些強烈的情緒，為你保留更多空間，讓你有辦法去運用最有助益的技能。覺得難以解脫的時候，自我認可可以帶來某種如釋重負的感受。

　　透過接納情緒、認同情緒與對自我寬容，會更容易利用情緒試圖告訴你的事情來創造好的結果。你可以運用情緒來更加理解你的經驗，以及所重視的事物。你也能夠善待情緒，以利用它們來發揮你的優勢。上天賜予你的禮物，是讓你有能力與你的經驗及價值觀建立連結。學習與練習表達認可，也能夠為人際關係帶來長遠的助益。性情敏感即意味著，你天生就擁有與他人契合的能力，也比較容易與他人產生共鳴。表達認可只是能夠幫助你擁有理想人際關係的技巧之一，而緊接著，在下一章要深入探討的主題就是人際關係。

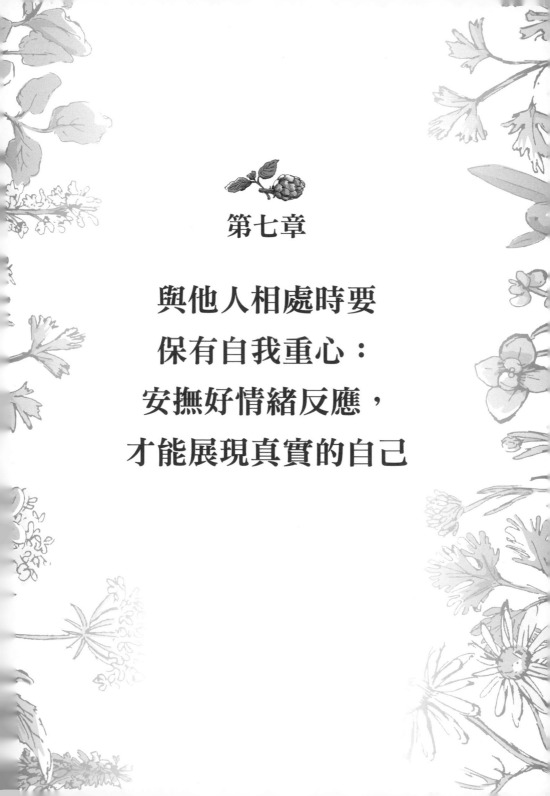

第七章

與他人相處時要
保有自我重心：
安撫好情緒反應，
才能展現真實的自己

　　人活在這個世界上，免不了要跟其他人相處，因為我們是社會性動物，須要擁有人際關係。人際關係不穩定，或是與家人和親近好友之間的關係出問題，都會損害心理健康。身為高敏感者使你對於人與人之間的互動特別敏感，這表示你與他人感同身受的程度之深，很容易導致你深受對方的情緒與行為影響。這也意味著，感到被支持與被重視，以及感覺到你和所在乎的人之間可以用真誠坦率的態度來進行溝通，會為你每天的心情帶來光明與色彩。擁有健康的人際關係可以使內心騰出空間，自在地做自己，追求所珍惜的目標和熱情，同時感到自信與沉著，並保有自我的重心。

　　對於情緒敏感者而言，人際關係是能夠明顯引發情緒的因素。也許你早已經發現，與他人之間的互動是最有可能觸發情緒反應的要素之一，譬如說，原本順心如意的一天，在聽完別人的評語之後卻風雲變色，你無法克制自己不要在腦中反覆咀嚼他人的意見；又或是因為別人在給你評論時所吐露的語調，令你的內心蒙上一股不祥的預感。我們經常會

因為別人有意或無意的行為或說話方式而產生強烈的情緒。但這不要緊。不管是基於什麼原因或發生了什麼事，你都有權利擁有情緒，而且，你的情緒永遠都合理。當然，套一句DBT的話來說，你的情緒或許「不符合事實」，但是依然值得擁有，就跟其他任何人一樣。再說，我們本來就無力阻止自己產生情緒，我們所能做的就只有自我認可、自我撫慰，以及控制自己做出回應的方式。況且，情緒敏感度也為人際關係帶來許多幫助。在你生命中的人們應該都不難感覺到，你對於親近對象所付出的深刻關心與熱情。

　　既然你已經大致學會如何了解觸發因子、情緒、想法、衝動，以及它們之間會如何互相影響的技巧，也已經學到給予自我認可以及自我撫慰的方法，接下來便要進入人際互動中最困難的層面 —— 至少是要進入到你必須處理對話或是給予回應的部分了。這是在人際關係中最具有挑戰性的層面之一，你要知道如何設下界線、如何避免臆測、如何提出要求，或是向對方說「不」，還要懂得如何表現出溫和而堅定

的態度。當然，針對這些層面，DBT全都有技巧可以應付。

　　DBT的人際效能技巧一共包含三大類：一類是能夠幫助你獲得所想要的和所需要的東西，以此實現自我目標的技能；另一類是可用於維護自尊的技能；還有一類是能夠幫助維持人際關係的技能。你可以同時使用一類、兩類或三類的技能。你所應該選用的技能種類，會依你在進行人際互動時主要想達成的目的而定。舉例來說，在許多情況下，進行人際互動的主要目的可能都是想提出要求，但是對你來說，維持那些人際關係也十分重要。在這種時候，便可以同時運用多種技能，等後續對此進行更詳細的說明，你會更有概念。你最應該著重使用的技能，將取決於你所重視的優先事項。之後也會談到，當因為他人而感到痛苦或不舒服，應該如何保持接地。對於情緒敏感者而言，這或許是最有用的技巧之一。而我們最後所要傳授的技巧則可以幫助你了解，當你對某人產生的情緒攀上了主導地位，影響到你有效維持人際關係的能力，應該如何安撫自己，並試著從不同的角度來看待

事情。

🌿 有效經營人際關係的目的

　　每個人想要達成的目的不盡相同，端看個人的特殊需求與特質而定。也許你曉得要怎麼表現出和藹可親及認同對方的態度，但是卻很難讓自己的需求獲得滿足。也許當你陷入一場激烈的對話過程之中，會很難不被糟糕的情緒牽著鼻子走。以下是學習與使用人際效能技巧所能達成的三大目標（McKay 2019）：

1. 能夠確實從他人身上獲得你所想要和你所需要的東西。你的需求值得被滿足，你應該要能夠以最有效的方式請求他人滿足你的需要。

2. 藉由傾聽及留意身旁的人來建立健康的人際關係。身為情緒敏感者意味著，你大概非常看重你與他人之間的關係，擁有穩固的人際關係很可能是你價值觀系統

中的一項重點。身為高敏感者所具備的長處能夠幫助你建立牢固的人際關係，因為敏感會使你對旁人產生強烈的意識，也更容易與之契合。你可以利用這些強項來發揮優勢，幫助你在與人相處的過程中保持正念。

3. 協商。你需要擁有技巧並加以練習，才能夠找出平衡點（這裡又再一次觸及辯證法的概念），有智慧地處理人際關係。具有協商能力即代表，你有辦法在情緒與邏輯推理之間達成平衡，因為這兩者同等重要。這也意味著你可以在短期需求與長期目標之間取得平衡。整體來說，能夠在人際關係中擁有平衡及協商能力，將能幫助這段關係走得更為長久。

自我反思：就人際關係而言，你所想要達成的主要目標是什麼？有哪些部分是你想要改善的？

🌿 你有哪些絆腳石？

　　DBT認為，在開始說明各項技巧之前，先探討可能影響你與他人有效相處的諸多因素，會是比較有益的做法。假設你還沒有仔細剖析過這些障礙，也尚未嘗試利用不同的方式來重新思考你在人際關係方面所抱持的迷思，那麼即使學會了後續的技能，也很難妥善運用它們。因此，首先就舉幾個例子，來說明可能妨礙你與他人有效相處的多種因素（McKay 2019）：

　　1. **舊有習慣**。你依循著固定的模式待人接物已經有很長一段時間，也許長達數十年之久。成長過程中，有不少大人曾經為你示範過解決衝突的方法，但要是其中沒有人教過你，或是不曾有人為你示範過有效經營人際關係的技巧，你要怎麼知道該如何運用這些技巧？你又怎麼有辦法知道事情可以有其他不同的做法？

　　2. **情緒**。害怕對他人產生情緒、害怕對他人表現出受情

緒驅使的反應，抑或是不知道該如何面對內心痛苦的
情緒，全都會導致你欠缺有效經營人際關係的能力。
而這就是本書前幾章所傳授的技巧可以派上用場的時
候。假如你知道如何安撫及認可自己的情緒，並且懂
得將它們視為重要的信使，情緒就不會對人際關係構
成阻礙，反而還能幫得上忙。這是因為情緒挾帶著與
你生活中的一切都有關聯的重要資訊，其中特別包括
了你的人際關係。

3. **無法辨別自我需求**。假如你不知道自己想要的是什
   麼，你的渴望自然很難獲得滿足。學會分辨目標及需
   求，將能幫助你與他人之間順暢地相處，也可以避免
   你要求太多或太少。

4. **恐懼**。這一點與在第四章所學到的正念思想，以及了
   解想法會如何影響情緒及行為的部分有所呼應。練習
   去分辨會引起恐懼、進而阻礙你與他人相處的憂慮念
   頭，就可以反駁這些想法，扭轉無謂的擔心。如此一

　　來，便可以減輕人際關係帶來的恐懼，讓你能夠更順
　　暢地與他人相處。

5. **有毒的人際關係。**我們沒有辦法控制別人的行為和想
　　法，但我們可以有技巧地對他人造成某種程度的影
　　響，然而說到底，我們所能做的還是只有保持正念、
　　給予認可，以及盡可能地善加利用這些技巧而已。倘
　　若其他人不願意同樣這麼做，或是由於他們的刺激而
　　導致你難以運用這些技巧，在這樣的情況下，自然很
　　難有效維持這段關係。人生在世，總有些時候會在人
　　際關係方面遇到棘手的課題，這是無法避免的（比如
　　說，也許對方是你的家人，或是你共事的對象）。遇
　　到這些情況時，最好的做法就是把注意力重新導向你
　　所能掌控的事物，例如你能夠運用的技巧上面。

> 自我反思：處理人際關係的能力未臻成熟時，哪些因素最常成為你的絆腳石？是必須為他人的情緒過度負責的想法嗎？還是你內在所產生的強烈情緒？是各種擔心的念頭嗎？還是說，你須要的其實只是進行更多的練習？

🌱 人際迷思

　　許多年來，很多人已經將有關人際關係的迷思根植於自己的內心。然而，對於自身所抱持的迷思，可能並沒有自覺。有時候，這些迷思是經由文化和家庭直接灌輸給我們的，有時候則是藉由旁人的示範所間接形成的。假設在成長過程中，家裡的大人幾乎不曾開口請求別人的幫助，無論面臨什麼樣的處境，總是表現得堅忍不拔，到最後萬不得已必須接受他人協助時，甚至會羞愧得無地自容，抬不起頭來。在這種情況下，你覺得自己有辦法輕易請求別人的協助嗎？

你覺得自己會怎麼看待個性軟弱、敢於尋求協助的人？這些東西很可能是在你根本沒有意識到的情況下，就已經內化成為你的一部分。我要再次強調，強烈的情緒會扭曲我們的想法，並使得這些扭曲的想法感覺起來無比真實，這就是為什麼情緒敏感者須要特別去意識到這些迷思的原因。

　　DBT告訴我們，想要拋開這些迷思，最好的辦法就是制訂出與之相反的挑戰，並依此練習去推翻迷思。舉例來說，假設你從小就相信請求他人滿足自己的需要顯得很軟弱，那麼你須要做的就是提醒自己去挑戰這項迷思——練習請求他人滿足你的需要。然後持續觀望在建立起人際關係、滿足自我需求的過程中，沒有被其他人視為弱者。

　　不論你同不同意以下所列出的各項迷思，請根據下列四種常見的人際迷思，一一練習寫出你所想要挑戰的內容（McKay 2019）：

　　迷思一：如果我有需求，就代表我有問題，或我不夠好。

迷思二：我承受不了對方的不滿或拒絕。

迷思三：拒絕別人或是向別人提出要求是自私的行為。

迷思四：我無法控制任何事情。

　　以上列出的迷思，有些可能與你完全無關，有些或許會讓你稍有同感。也許你想不出關於其中幾項迷思的挑戰，那也無所謂，練習這麼做的重點只是要讓你開始去認識內心存有的迷思。覺醒是促成改變的首要關鍵。

　　自我反思：上述哪幾項迷思是你已經內化的想法？它們對你的人際關係造成了什麼樣的影響？它們對你滿足自我渴望或需求的能力，產生了哪些影響？

🍃 三種核心技巧

　　這一節內容所要探討的是，對DBT的人際效能層面至關重要的三種技巧：獲得你所想要的和你所需要的（這也牽涉到有效地向別人說不）、維持人際關係，以及維護自尊。

獲得你所想要的和你所需要的

　　有效地向他人提出要求或是表示拒絕，有時候其實比表面上看起來困難得多。緊繃的神經、受限於前述任何一項迷思的心情，抑或是單純不知道要從何說起的窘境，都會對你構成阻礙。以下我們所要介紹的練習，基本上可以幫助你擬出一分底稿。這項練習會一步一步地說明應該如何處理這類對話，而這項練習本身又可以分成兩個部分：一個部分是要建立能夠幫助你有效完成底稿的內在提醒，另一個部分則是要擬定底稿的內容（你所要說的話）。如果你曾經聽過「我訊息（I statements）」這種概念，基本上這項練習就是更精

細、更詳盡的「我訊息」。

　　剛開始練習使用這項技巧的時候，你可以先寫出想要說的話。我有一位個案會在打重要的電話給她父親之前，先寫出整篇講稿。學會這項技巧並加以練習之後，不用多想就能夠上手了。比方說，在對話過程中保持正念是這項練習當中的一個重點。熟練這一點之後，幾乎不必提醒自己就能辦到。

　　這項技巧所適用的情境類型不受任何限制。舉例來說，假設有人很愛取笑你，或是拿你的敏感開玩笑，而你想要對方停止這種行為。那麼，要運用這項技巧所須具備的第一要素，就是學會能夠更有效提出請求或表示拒絕的內在提醒。而這三種內在提醒分別是：正念、自信及可變通性。

1. **正念**：在對話過程中保持正念。不要因為擔憂的念頭或是發生在身邊的任何事情而分心。保持專注，這對你來說會很困難嗎？哪些事情通常最容易使你分心，或是最難讓你在與他人互動的過程中保持正念？

2. **自信**：跟對方進行眼神接觸，清楚地把話說出來，不

管是站著還是坐著，都要抬頭挺胸。無論你的內心有什麼感受，做到以上三點可以讓你感覺更有自信。也許在你的生活中有這麼一個人，不論你因為什麼原因、在什麼時候跟他／她相處，總是會削弱你的自信。意識到這一點會對你有所幫助，保持正念也會為你帶來幫助。

3. **可變通性**：遇到某些情況時（例如關乎人身安全的情況），我們或許沒有太多協商或變通的餘地。但在其他情況下，則有可能達成妥協。這裡大致上要提的概念是，你一方面應該對他人的想法和意見保持開放的心態，另一方面也應該集中心力去滿足自己的需求。想想看有沒有什麼方法可以讓每個人都對結果感到滿意。以我們舉的例子來說，可以藉由以下類似的說法來表達尊重對方的意願：「我相信你沒有惡意，我也知道你應該是想用取笑的方式來表達你的幽默感，也許捉弄別人是你表現出跟對方合得來的方式。」

在其他人際互動的狀況下練習這三項技巧，可以幫助你
在必須向他人提出請求或是明確表示拒絕時，更容易保持專
注和自信。譬如說，也許你可以考慮在與他人對話的過程中
開始加強練習正念思考。現在就開始練習，並觀察自己隨著
時間過去所獲得的進步。

第二項要素是擬定講稿。以下便是應該依循的步驟：

1. **說明情況**。首先，第一步是要問問自己：「現在是什
   麼情況？」盡可能在只提及事實的前提之下，簡單地
   說明情況。確保每個人都對事態有一致的了解，並且
   明白目前所談的是什麼事。按照前面所舉的例子，你
   或許可以這樣開頭：「我最近發現，你很喜歡拿我太
   敏感的事情來開玩笑。」

2. **利用「我訊息」來表達自己的感受**。第二步是要利用
   「我訊息」（亦即，以「我覺得……」為開頭的句
   子）來說明這個情況帶給你什麼樣的感受。使用「我
   訊息」可以把焦點集中在自己和你的經驗上面；使用

「你訊息」（例如「你總是這麼討人厭」）則會令對方產生防禦心。依照上面所舉的例子，合適的說法可能像是：「每次你開這種玩笑的時候，都會讓我覺得很受傷，也很尷尬。」

3. **表明你的需求**。第三步是要明確主張你的需求，或是清楚堅定地說「不」（假使拒絕他人是你的目標）。明白說出你的要求或確實地表示拒絕，好讓對方清楚知道你所想要或需要的是什麼。在這個例子中，你可以試著說：「如果你可以不要再開這種玩笑，我會真心感謝你。」

4. **更進一步補充說明你的請求**。最後一個步驟是更進一步地補充說明你的請求（或是你拒絕的理由），好讓對方了解為什麼這件事情很重要，以及他們為什麼應該同意你的要求。以同樣的例子來說，你可以告訴對方：「如果你不要再這樣做，我會更喜歡跟你在一起的時光。我真的還蠻喜歡跟你相處的，我也很重視我

們的關係。而且，我一直都把我的敏感看成是一種優
點而不是缺點，它在許多方面都對我很有幫助。」

　　我曾經見過這項技巧被拿來使用在各種不同的場合。有
在青少年想要獲得一台新手機的時候，也有在工作上拒絕接
手另一項計畫案的時候，還有在派對結束時要求搭便車回家
的時候。這項技巧所適用的時空背景可以無止境的延伸。倘
若這項技巧對你來說很困難，那也不要緊。要開口討論難以
啟齒的話題，並努力與他人建立健康的關係本來就不容易，
更何況在談到人際關係時，每個人都會有自己必須面對的特
殊挑戰。你應該記住的一件事情是，身為HSP，你擁有好多、
好多可以為他人做出貢獻的天分。作為一個具有高敏感特質
的友人、伴侶或家人，意味著你富有直覺力、充滿愛心、具
有同理心，也很熱情。你可以利用這些技能來與他人順暢地
相處，同時也可以把天賦運用在人際關係中。

　　另一方面，在日常生活中，你也有可能已經在大量使用

這些技巧了。仔細想一想，也許你會發現，跟以上介紹的練習相比，你所缺少的可能只是「正念」的元素，畢竟擁有強烈的情緒很容易使人分心。或者，你沒做到的是在最一開始「只論及事實」的部分。也或許，你很容易就能向別人提出要求，或是可以很輕鬆地說「不」，所以你其實不太須要思考這方面的問題。但是，假如你發現很難做到以上所說的某個步驟，或是得不到你所想要的結果，完整地運用上述整套技巧將能幫助你確保事情順利進行。

> **自我反思：**生活中，有沒有什麼樣的具體情況是可以運用這類講稿來幫得上忙的？你最須要練習的是哪一個部分？想一想最近在生活中對他人有所要求並且想要滿足這個期望的情況。請練習寫出想講的話，並包含能夠幫助你保持正念與自信的提示詞或提醒內容。

維持人際關係與自尊

　　在維持人際關係或是維護自尊的課題上，人們往往不是朝著這座蹺蹺板的其中一端傾斜，就是朝向另一端傾斜。站在前端的人很難好好地維持與他人之間的關係，站在後端的人則習慣取悅他人，因此每當與他人之間的互動觸礁，便難以維護自己的尊嚴（Linehan 2014）。當然，比起這兩種極端的情況，實際層面會來得更加複雜，你也有可能發現，原來你會根據事態來決定自己在這座蹺蹺板上的位置。

　　如果你是傾向於站在前端的人，你可能會覺得維持人際關係十分困難，因為對他人表現出和善、認可的態度，並不是你與生俱來就擅長的事。這有可能是因為在生活當中，不曾有人為你示範過表達認可的做法；也有可能是因為在你的人生歷程中，表現出激動的情緒是不被允許的行為，也沒有人教過你應該如何以健康及有效的方式來消化情緒。如果是這樣，不曉得該拿情緒如何是好的處境，便有可能導致你在回應別人的情緒和需求時表現得粗魯無禮。這些是我在難以

維繫人際關係的情緒敏感者身上最常看見的問題。或許在這些敘述當中，有幾點可以讓你產生共鳴。為了幫助你學習以下所要介紹的技巧，讓我們暫且打個比方，假設有人對你最近說過的話或做過的事頗有微詞，在經過深思熟慮和多方練習之後，對方選擇運用「我訊息」來向你表達需求。以下便是你可以練習做出回應的三個步驟：

1. **保有好奇心**。第一步是要對對方的想法保有好奇心。與其妄下定論（這個部分將於本章後續深入說明）或是本能地為自己辯解，不如選擇對對方的感受抱持感興趣的態度。即使不感興趣，也要假裝若有其事。假使對方能夠感受到你想了解並在乎他們的經驗，將會為你的人際關係大大加分。以上面的假設為例，你也許可以說：「請告訴我你當時的感受。」或是「請告訴我，在我那樣說之後，你出現了什麼想法？」

2. **認可**。第二步是要認可對方。請利用在第五章所學到的技能來做到這一點。記住，給予認可並不表示必須

同意對方。即使對方的情緒、看法或難處「與事實不符」，你還是可以表示認可，就像你也可以對自己這麼做一樣。有很多人會擔心，給予認可將會強化對方惱人的行為，這是錯誤的觀念。事實上，給予認可只會幫助緩解情緒，讓對話內容有所進展，就跟你對自己表達認可時所產生的效果一樣。同理心是身為情緒敏感者所擁有的長處之一，在此步驟二當中，你可以徹底利用同理心來發揮優勢。你可以試著說：「我能理解為什麼發生這件事情後，你會很擔心。」或是「我了解不被親近的人所尊重的那種感覺很不好。」

3. **放軟姿態。**第三步也是最後一步，是要確實以親切、輕鬆、愉快的態度來進行對話。態度要溫和，講話方式不要帶有挖苦（有時候是為了辯解）、批判或責備的意味。保持微笑和輕鬆的語調，帶點幽默感。想像自己謙和友善而非頑固倔強的模樣。想像在溫柔之中蘊含著力量。

　　請回想一下，最近有哪件事是你能夠運用以上三個步驟來進行處理的。請花點時間反思，並寫下你可以如何利用上述技巧來更有效地解決問題。

　　站在蹺蹺板的另一端時，也許你已經察覺到，在生活當中，有一些特定的人事物很容易令你感到慌亂不安，使你無法捍衛自己、滿足自己的需求，因此每每在這些互動過程結束的時候，總會讓你覺得不太喜歡自己。以下所要介紹的這一組技巧，就是專門為了幫助人們在遇到這樣的情況時，能夠維護自尊而發展設計的（Linehan 2014）。假如你是情緒敏感者，可能會很敏銳地察覺旁人的情緒，過度地認為自己必須為他人的情緒負責，並自以為了解其他人的感受，而這些問題長期以來一直困擾著你。這會導致你習慣過度道歉，也不願意盡力滿足自己的需求，因為你擔心這麼做會「惹是生非」，或是惹其他人生氣。

　　假設有個朋友的言論激怒了你，而你想要確實地維護自己的立場，並且讓對方清楚明白你的意思，那麼可以按照以

下的方式來進行練習：

1. **誠實表明你的要求**。第一步是要誠實地考慮你的需求。不要捏造或是刻意強調需求，也不要假裝你很無辜、找藉口，或是誇大其詞。請以誠實的態度，直截了當地說明要求以及事情的來龍去脈。直接說出是什麼事情讓你不開心：「你那樣說讓我覺得很不被尊重，心裡很不舒服。」

2. **公平原則**。第二步是要考量雙方的立場及需求。要對自己公平，也要對對方公平。對方的需求與感受就跟你的需求與感受一樣重要。以這個例子來說，保持公平原則即意味著，你可以有自信地表達這件事帶給你什麼樣的感受，同時也讓對方有機會訴說他們的感覺和想法。

3. **不要道歉**。第三步是要確保你不會因為提出要求與表達自我價值觀而向他人道歉。如果沒有什麼好道歉的，就用不著說「抱歉」。不必用「對不起」這三

個字來做為開頭，去要求別人滿足你的需要，也不必為了有情緒或是擁有自我價值觀而跟別人道歉。如果會因此而感到不自在也不必擔心，因為你承受得起煎熬的情緒。即使這會讓你覺得不舒服，也要堅守自己的價值觀。你不須要因為別人對你的要求和價值觀感到生氣，或是表現出情緒，就改變心意或改口說對不起。依照前面所舉的例子，你可以試著這麼說：「我知道這麼說可能會讓你不開心，聽到我對於你說的話有意見會讓你覺得不高興，但這件事對我來說很重要，我希望我們之間能夠互相尊重，讓我們兩個人都覺得愉快。」內化這些訊息能幫助你達成目標，擁有健康、快樂的人際關係。

　　現在，該是來練習的時候了。請回想一下，最近有什麼情況是你能夠運用以上方法來進行處理的。請花點時間反思，並寫下你可以如何利用上述技巧來更有效地解決問題。

自我反思：你認為你比較接近蹺蹺板的哪一端？你的情緒
敏感度會如何影響你練習這些技巧的能力？它又可以如何
幫助你進行這些練習？

🍃 改變想法，扭轉你對他人的感受

接下來要介紹的技巧，可以說是對高敏感者最具有吸引
力的一種技巧。這項技巧特別適合用在你與某人之間的相處
令你感到惱火、情緒失控與不悅的時候（Linehan 2014）。有
時候，對他人敏感很容易導致你妄加臆測，沉浸在自己的想
像中，從而加重你對某人不滿的情緒。強烈的情緒會扭曲思
想。放任情緒支配一切也會導致你順著情緒來做出反應。如
你所能想像的，受情緒驅使所產生的反應（相對於以理智為
出發點所做出的反應）在很多時候非但無濟於事，往往會更
加遠離目標。雖然身為情緒敏感者有時候會比較難與他人進

行互動，不過好消息是，你也會因此而更懂得運用以下所要
教授的技巧。等舉例說明要如何練習這項技能之後，你就會
明白了。

　　這項技巧可以區分成兩個部分：第一個部分是認知要
素，這意味著改變對事情或對方的想法，第二個部分則是情
緒要素。

認知要素

　　請試著從他人的觀點來思考眼前的情況，並仔細斟酌你
所做的臆斷。站在對方的角度來看，事情有可能會是什麼樣
子？他們可能會產生什麼樣的情緒？即使你不同意他們的看
法，他們的情緒也依然合理，或容易被理解嗎？請運用正念
技巧，留心觀察對方的表現。這麼做有可能幫助你改變對事
情的想法。舉例來說，對方看起來如何？他們有沒有試圖表
示善意或努力維繫關係？他們看起來是不是也深受其擾？

　　用心留意你的想法。你是不是太早就對事情下定論、太

急著猜測對方的心思，或是太快聯想到最壞的情況？你心中出現的種種情緒是不是有可能導致你對事情或對方的行為產生扭曲的想法？更重要的是，是不是有其他的詮釋方式可以幫助你以更明智的角度來看待這個情況？

為了練習這個部分，請回想一下，最近一次你跟某個關係不算好的人起爭執的過程。關於當時的情況，可以有哪些不同的解讀方式呢？

情緒元素

這是能讓高敏感者所具備的才能真正發揮作用的部分。請運用你的敏感和寬容來同理對方。準備好要以真實的自己來回應對方，並與對方進行有效溝通時，這麼做能幫助你從更加公平的角度來看待這整件事。練習運用你的回應及態度來表達善意。你可以忠於你的價值觀、堅持滿足自我的需求，同時也表現出仁慈、和藹及認可的態度。

在你剛才所描述的那起爭執中，你可以如何運用身為情

緒敏感者所具備的長處來改善自己對當時情況以及對對方所
產生的感受？

　　假如你能夠有意識地去練習上述技巧，你可能會發現，
高敏感者其實很自然而然地就能學會這些東西。而這便足以
證明，敏感不僅僅對你個人而言是種天賦，對其他人來說也
是如此。敏感讓你能夠運用同理心和慈悲心來善待旁人，而
其他人也能從你身上感受到這一點。做為一個敏感的人，你
可以真正發自內心地與他人分享這些禮物，其他人也將有機
會看見你獨特的洞察力。透過練習，你可以有意識地將情緒
視為寶貴的資訊，然後利用這些資訊來得出新的推論與解
釋。高敏感者可以更易於憑靠直覺來接收訊息，並看見事物
的不同面向。

🍃 往前邁進

　　一下子要消化吸收這麼多技能不是一件容易的事。你

須要經過一段時間的練習，才會知道應該運用哪些技巧來處理特定的需求與困難。誠如在第一章講述DBT假設時所提過的，為了掌握使用這些技巧的訣竅，必須在多種不同的環境中練習這些技巧。你也必須針對原先希望能透過這些技巧來獲得幫助的背景勤加練習。假如你和家人的相處經常有摩擦，但是你卻只有在工作場合練習過這些技巧，那麼與家人間無法順利溝通的問題大概會繼續下去。請讓自己有機會在不同情況下練習運用這些技巧，好能隨時做好準備，無論面對什麼樣的情況，都可以拿出最好的表現。透過充分的練習，這些技巧終將會成為習慣。

在高敏感者所擁有的眾多才能中，有很多是屬於內在天賦，是可以日復一日地自我欣賞與陶醉的優點。不過，隨著努力維繫人際關係、與更多人建立連結的過程，你的天賦也將施惠給許多人。如果人們有機會認識到你的這些面向，他們會欣賞你的同理心、獨到的見解，也會欣賞你對於自我的目標、價值觀以及興趣深具感染力的熱情。長遠來看，在嘗

試調節自我情緒及運用情緒敏感度來發揮優勢的過程中，人際關係可能扮演著一個重要的角色。越是懂得有技巧地處理人際關係，長久下來，就能夠變得越快樂。

第八章

滿足身心靈的需要：
累積正向經驗，
填滿情緒撲滿

　　在這本書裡，一直不斷重複提到兩個名詞——價值觀與目標。那是因為，了解價值觀及目標是DBT的中心思想，也是在運用從本書所學到的各項技能時所應具備的核心要素。在學習與練習新技巧的過程中，價值觀和目標會成為你的嚮導，引領你前進的方向，使你慶幸自己能夠擁有這些技能。你的價值觀與目標是專屬於你的，隨著進行本章所介紹的練習過程，它們將會指引你要如何擴充屬於你個人的情緒撲滿。情緒撲滿是另一項可以用來管理情緒，並幫助你善用情緒的工具，特別是在情緒激動到難以控制的時候。

　　價值觀是你對自己設下的標準，也是用來決定自己想做的事與生命中優先次序的原則。目標可以是短期或長期的，也可以是與人際關係、工作、藝術、旅行等任何事情有關的。本章所要帶領你進行的練習中，第一步是要請你想一想，在每天的生活裡，有哪些事情可以帶給你快樂，讓你感到開心。正如你所能想像的，花心思多想一些這樣的問題，長久下來將會使你的感受變得較為舒坦。下一個步驟則

是要探討你的價值觀，以及你所重視的是什麼。你很可能會發現，價值觀跟你每天喜歡做的事情之間其實是有關聯的，而且這兩者也會跟目標串聯在一起，價值觀會形塑你的目標。最後一個步驟會須要花一點時間來認識你的短期與長期目標。以你的價值觀和能夠令你感到開心的事物來作為指引，終將能改善你在情緒方面的感受，也將會使你在努力實現所重視事物的過程中，變得更有自信。你會發現，你的價值觀和目標也會突顯你的長處，而且敏感絕對不是你唯一的優點。

　　DBT的中心思想是一種概念，亦即「打造值得活的人生」，我稱這種概念為DBT的標語。瑪莎・林納涵甚至是以這句話來做為她自傳的書名。在第二章曾經簡短地提過這個概念。你的人生現在就值得你好好地去活，不過，除了單純地存活，你還可以做什麼來讓自己更進一步地成長與茁壯呢？把價值觀和目標當成指南針，就可以構築出理想人生，努力去實現對你來說別具意義的事，然後放心地對自己說：

「沒錯，所有付出都是值得的。」

　　對情緒敏感者而言，幫助情緒長期受到控制是特別重要的一件事，因為要調節情緒並不容易。有時候，情緒會產生澎湃的感受，變得任性妄為、難以馴服。敏感也會導致你更容易受到在第四章曾經提過的脆弱性因素的影響。你可以把任何能夠幫助你長時間調節情緒的事情想成是一種保障機制，這種機制可以保護你不受脆弱性因素，或是其他有可能觸發強烈情緒的事情的影響。要進行本章所介紹的練習，須要以認識自身的優點為基礎。隨著逐漸累積各種不同的經驗，你會越來越清楚地知道，做為一個越來越能夠與周遭世界協調融合的敏感人士，以及擁有多種資質與長才的人，你所能為這個世界貢獻的一切。

🌿 有哪些事情能為你帶來樂趣？

　　樂趣很重要。做為一種文化，我們已經有在慢慢認識樂

趣的重要性，但是有些人在這方面還有許多進步的空間。你大概也聽過這句老生常談：「想要幫助別人之前，要先把自己照顧好。」你有多常允許自己優先去做那些能感到開心、為生活帶來樂趣的事情呢？簡單來說，假如你能夠允許自己規律地從事能帶來快樂的活動，無論是就情緒方面還是身體方面而言，都會覺得舒暢許多，狀態也會變得更好。你會感到活力充沛，更禁得起挫折與打擊，如果你願意定期花時間這麼做，就表示你有盡心盡力在照顧自己。覺得舒服自在的時候，你會更容易善待情緒、跟它們做朋友，利用情緒來發揮敏感者所擁有的優勢。這會讓你能夠以更舒適的狀態去完成重要的事，維持你所重視的人際關係……基本上，這可以幫助你去達成與你的價值觀和目標相連的事情。所有的一切都環環相扣。

　　DBT告訴我們，累積短期與長期的正向經驗可以培養情緒復原力（emotional resilience）（Linehan 2014）。首先，我會教你認識可以幫助你培養情緒復原力的活動，以及應該

如何以切合實際且可持續的方式，來將這些活動納入日常生活中。你會制定出一套計畫來幫助自己一步一步地儲存情緒復原力，進而在善用情緒的力量來發揮你最大的優點時，能夠感到更有自信。

　　一開始，請先按照你所知道可以帶來樂趣的活動，列出一分清單。請在日記裡記下各種不同類型的活動，並將它們區分成須要較多事前規劃、比較耗費體力的一類，以及不必提早安排，即使只有休假一天或是在心情不好的時候，也很適合從事的一類。比方說，看電影和去公園野餐，從體能消耗的角度來看，就有很大的區別。再來，也要請想一想，哪些活動會須要花錢，哪些活動一毛錢都不用花。請先寫下自己的想法，如果你需要更多點子來幫助發想，歡迎參考下列範例清單：

- 出門做指甲
- 在家附近騎腳踏車或散步
- 重看一次喜歡的電影或是最愛的電視節目

- 去戲院看場電影（或是去劇院看場表演）
- 嘗試新的烘焙食譜
- 觀看線上藝術、去博物館看藝術展覽，或是透過書籍欣賞藝術之美
- 擔任照顧動物的志工，或是到你所在地區的食物銀行當志工
- 享受專業按摩服務
- 到咖啡店或餐廳坐坐，寫個短篇故事、一首詩或一首曲子
- 練習彈奏樂器
- 看書，或是閱讀與感興趣主題有關的文章
- 跟寵物玩，或是教牠們學新把戲
- 點營火
- 開車到其他社區晃晃，欣賞當地住戶的房子

　　你所列出的清單是專屬於你的。你應該列出的是那些

220

真正能夠帶給你樂趣的事物，即使你列出的活動項目與其他人的清單內容截然不同，其他人或許也無法理解為什麼某件事情能夠讓你感到開心，那也無所謂。在找到自己真正喜歡做的事情之前，你應該要努力嘗試去接觸不同的活動。雖然這麼做一開始可能很困難，會須要試著以自在的心態去面對微小的不安（請回想一下在介紹身心容納之窗時所提過的內容）。而且不巧的是，有些活動（例如演奏樂器）不見得在首次嘗試時就能掌握要領，也未必是你與生俱來就很拿手的項目，而且在能夠真正開始享受到樂趣之前，或許還會導致一些明顯的不適。儘管如此，當你仍然能夠持續地努力練習，全心全意投入這些活動，這便是稱之為「建立自我掌控」的過程。當你隨著時間過去而逐漸獲得進步，那些短暫的不適終究會化成永恆的喜悅、快樂與滿足。而能夠帶給你快樂的並不僅僅是新嗜好和你新嘗試的活動，建立自我掌控的行為本身也會產生自信和愉快的感受。所以，假如你覺得自己真的沒什麼嗜好可言，或是光想到要去嘗試或接觸新鮮

事物，就想舉雙手投降，請拿出信心和勇氣，要知道，建立
自我掌控將會帶來多種層面的益處。培養多元興趣也將能使
人生過得更美好、更多采多姿。

　　要成功做到這件事的關鍵之一，就是要帶著正念去從事
這些活動。在進行這些活動的過程中保持正念，可以為生活
帶來平衡。如果你的生活總是過得匆匆忙忙，必須不斷督促
自己去進行這些活動，而沒有把照顧自己擺在第一位，那麼
即使做到這些事也無法帶來太多樂趣，情緒撲滿也會很快就
變得空空如也。此外，假如你選擇每天花大把時間漫不經心
地盯著電視看，這同樣也不可能使生活變得多有趣。保持平
衡對高敏感者十分重要。身為HSP即意味著，你比一般人更容
易產生倦怠感，若是不積極主動地管理這方面的狀態，精神
耗竭的問題便有可能會在不知不覺間忽然向你襲來。

　　最後你應該要做的，是想辦法把列在清單上的項目加進
規律的日常作息之中。你必須要求自己時不時地進行清單所
列出的活動。我的建議是，從小地方開始著手。假如你能夠

每天都騰出時間來做點自己喜歡的事情，那當然很理想，但要是在一星期中，你沒有一天可以真正用心地去享受所列出的活動，就會很難持續下去。所以，我建議從每週一天開始做起。要求自己在每週六完成清單上的某項活動，等養成習慣後，便可以再多增加一天。可以在日曆上做個記號，或是設定手機提醒事項。如果想做得更徹底，可以嘗試記錄從事這些活動對心情有什麼影響。在那一天（或是隔一天）的尾聲，在花時間去從事清單上的某項活動之後，請記錄一下你的心情、睡眠狀況、精神與活力水平。

我們必須坦白承認，投注心力去從事自己喜歡的活動，感覺起來似乎挺奢侈的，而你也不見得總是負擔得起這分奢侈。假如你覺得光是要滿足自己的基本需求就已經夠辛苦了，抑或是你的身上已經背負了太多責任，那麼要在生活中加進更多這樣的活動，可能是強人所難。然而縱使實際情況真是如此，我還是希望你能夠有所開始，就算只是稍微沾上邊也好，只要花幾分鐘的時間來運用正念技巧就好，請利用

你所擁有的內在及外在資源，讓生活變得更加愉悅，這是我對你的期望。

🍃 你的價值觀

你的價值觀是你獨有的想法，越了解自己的價值觀、越能夠在生活中實踐這些觀念，就會覺得越滿足、情緒越穩定，並對生活越發滿意。它可以完全填滿你的情緒撲滿，也是打造「值得活的人生」的首要關鍵。當情緒撲滿裝得越滿，你就越能夠把敏感看成是自己的強項，並利用它來發揮優勢。滿溢的情緒撲滿可以在產生極為痛苦的情緒時發揮保護的作用，遇到難題時，也較易於管理這些情緒。

誠實地自我評估你真正重視的是什麼，這點很重要。這是在填滿情緒撲滿的過程中，唯一能夠幫助你獲得最大效益的方法。價值觀會隨著時間改變，這是很正常的，因為我們都會成長、變得成熟，會學習新知，也會獲得新的體驗，並

因此產生不同的需求。舉例來說，跟青少年時期相比，我個人的冒險、創意、正直與善良價值觀大抵上沒有改變，不過現在，我重視經濟穩定性的程度卻比以前高出許多。我的丈夫一生都很重視一致性與例行常規的重要性，但是自從旅遊次數增多之後，他的觀念也稍微有了改變，開始重視且優先考慮接觸新奇體驗的機會。這些例子在在說明了人的價值觀與看待事物的優先順序會隨著時間而出現變化。基於以上這個原因，你也應該定期重新檢視自己進行下列練習所得出的結果。

價值觀練習

這項練習是依照「接納與承諾治療（Acceptance and Commitment Therapy，簡稱ACT）」的概念所設計而成的，ACT治療的主要焦點在於認識個人價值觀。以下幾頁的內容是一分價值觀清單。請準備好一支鉛筆和兩支顏色不一樣的重點筆（或拿三支不同顏色的筆，或是手邊方便取得的任意

三種不同書寫工具也可以）。你所要做的事情是將這分清單的內容，簡單地分成「不重要」「重要」和「非常重要」三類。首先，請用鉛筆劃掉你覺得不重要的價值觀。如果你覺得這很困難，不確定哪些是不重要的價值觀，可以先跳過這個步驟。接下來，請用另外兩支不同顏色的筆分別標示出你認為「重要」和「非常重要」的價值觀。

　　然後，請先檢視你認為「非常重要」的類別，並用鉛筆圈出你自認為對它稍微有點掌控力的價值觀。你所圈選的項目不見得要是你能夠完全控制的，只要你覺得，在你人生當中的某些層面稍微能掌控這個價值觀，就可以把它圈起來。如此一來，你將會得到一分非常重要，而且握有某種程度掌控力的價值觀清單。現在，請花幾分鐘時間仔細檢視圈選出來的結果，看看你可以從中梳理出哪些主要思想，也許你會對自己選出的答案感到吃驚。看著這些文字的時候，你的心裡產生了什麼感覺？此外也要請你想一想，有沒有什麼價值觀是你想要新增進這分清單裡的呢？

完成任務	公平	謙虛
豐富	信念	金錢
負責任	家庭	自然
準確	才華	富有培育精神
取得成就	彈性	服從
冒險	寬恕	思想開放
贊同	自由	坦誠
自主	友誼	樂觀
平衡	儉樸	愛國
美麗	實現目標	愛好和平、不使用暴力
挑戰	有趣	完美
改變	慷慨大方	堅持不懈
清楚明瞭	真誠	擇善固執
愛乾淨 / 有條不紊	心腸好	個人成長

合作	美德	個人健康
承諾	感恩	快樂
溝通	努力	權力
社群	和諧	實用性
同情	療癒	隱私
能力	正直	解決問題
競爭	榮譽	專業精神
關心他人	改善	進展

自信	獨立	興盛
連結	個體性	守時
節約	主動性	目的
重視內容勝過形式	內心平靜	直率
配合	創新	力量
協調	健全	成功

創意	智力	系統化
可靠	強烈	團隊合作
果斷	親密關係	忍耐
民主	直覺	傳統
決心	喜悅	寧靜
紀律	正義	信任
發現	知識	真理
多元化	領導地位	統一性
教育	學習	多樣性
效率	愛	生命力
環境	忠誠	財富
平等	意義	智慧
卓越	價值	
探索	中庸	

　　這項練習以最後一個步驟為最重要。現在，請從圈選出的價值觀中挑出一項，先以這一項來進行練習。請思考一下：今天可以透過什麼樣的行動來在生活中落實這項價值觀呢？舉個例子來說：我最近曾經與一位個案進行過這項練習，這位個案認為，家庭的意義對她來說十分重要，而且從許多層面來看，她對家庭也有某種程度的掌控力。我們一起集思廣益地討論她可以如何根據這項價值觀來採取行動，以獲得快樂與喜悅，並填滿她的情緒撲滿。她在療程剛開始的時候說過，她非常想念住在其他州的年幼侄兒們。到了療程即將結束時，她便決定要回家製作幾張精美的手工卡片寄給侄兒們。敏感是你最大的強項之一，因此你也將發現，敏感可以為這類活動增添許多色彩，賦予它更深的意義。譬如說，如果敏感造就你成為一個能夠發自內心對他人付出深厚關愛的人，那麼住在他州的侄兒們一定也能從你寄去的卡片、打去的電話，以及與他們共度的假期時光，感受到你對他們真摯的關愛。

　　為了更深入進行練習，請回想一下本章所介紹的第一項練習，並思考以下問題：依照你個人的價值觀，在你喜歡從事的活動清單中，你會想優先選擇哪一項活動？對你來說，什麼事情才是最重要的呢？假設擔任志工和享受按摩服務這兩件事情可以帶來同等的樂趣，但在這兩者之中，有一項更符合你的價值觀，那麼那一項活動便能夠為你的情緒帶來更多的幫助。那是因為，你的價值觀與目標是打造出值得活的人生的關鍵，也是令你對生活感到活力充沛、興奮、愉快與滿足的關鍵。進行以上練習便是在與你的價值觀及目標產生連結。

你的目標

　　上述練習可以幫助你累積短期的正向經驗和愉悅情緒，長時間下來也將能提供你很好的幫助。不過根據DBT的教導，從長遠角度來衡量大局，試想要如何將這些開心的經驗

帶進生活裡並思考目標，也一樣重要。透過以下這一節的內容，我會幫助你找出長期目標，並制定一分行動計畫，以協助你展開實現自我目標的旅程。這是另一種能夠填滿情緒撲滿的重要方法。

假如你知道自己的價值觀是什麼，就會知道人生要往哪裡走。擁有這種方向感形同於一種情緒保障，它能幫助你保持穩定和自信，享有愉悅與平靜的感受。舉例來說，假設你認定遵循傳統是非常重要的價值觀。得出這項結論之後，你便決定要更積極參與宗教節日期間的猶太教聚會。要是不願意花時間去認識你的價值觀，你怎麼會知道自己其實想要投身於教會事務、專心作畫、跟家人建立良好的關係、參加馬拉松路跑，或是實現心中所擁有的任何其他目標呢？一旦明白這些是你想要去做的事，也開始實際採取行動之後，你覺得自己會有什麼樣的感受？應該會覺得很滿足吧，不是嗎？你認為，這種滿足的狀態對於整體的情緒安適度會有什麼影響呢？

　　當情緒撲滿裝得比較滿，你會比較容易把敏感看成是真正的優點。在深入探索情緒，更用心去感受它們的時候，會有更多正向的想法能夠保護你，或者也可以說是擁有比較多的情緒存款可供取用。這會創造出一種循環，也會讓你有餘裕能去了解你的價值觀，並想辦法達成目標。

　　尤其是對於高敏感者來說，生命總是充滿著許多特別的挑戰，這些挑戰在過去可能曾經阻礙你朝目標前進。也許是因為你的興趣很廣泛，容易同時受到多種事物的吸引，因此很難專心致志地朝著單一目標努力。也許是因為你不喜歡被拒絕的感覺，也不想要承受失敗以及那隨之而來的情緒，所以不願意採取會令人感到卻步、卻又不得不為的步驟去實現目標。你絕對不是唯一一個為此掙扎的人，這就是為什麼DBT會勸告我們，想要達成目標所須要做的第一件事就是不要逃避。

不要逃避

想像你正要朝著某個重要的個人目標邁出第一步，這會使你的內心浮現什麼樣的情緒？假設你的答案是恐懼。身為HSP，你可以很清楚地感受到這分恐懼。那是一種很強烈，而且可能很讓人不舒服的感覺。這股恐懼感也許太過龐大、太過令人不安，以至於使你裹足不前。在這種時候，真正能幫你一把的，正是你已經學會的各種DBT技巧。雖然你的情緒挾雜著許多重要及寶貴的資訊，但是這些情緒並不是基於事實所產生，所以你應該要像DBT所教導的一樣去「查驗事實」，並且視情況採取反向行動。這是讓你練習自在面對不安及擴展身心容納之窗的大好機會，尤其是在維護至關重要的目標時。

假如你的恐懼會說話，它或許會告訴你：「這件事情真的很重要。」它只是想讓你明白，做這件事所挾帶的風險相當高，因為它對你個人來說是一件非同小可的事。但是這一點你早就知道了。你就是為了知道這一點，才會進行價值觀

練習，並找出你所重視，同時也與你個人價值觀有所連結的目標。所以，儘管你的恐懼很合理，它卻沒有任何的事實根據，而你也不必非得要照著它來採取行動。反過來說，為了朝著目標前進，並且為自己創造出一段「值得活的人生」，你可以自在地告訴自己，你明白這分恐懼很珍貴，因為它是在傳遞訊息，只是想要引起注意，讓你了解這些目標到底有多重要，藉此來幫助你而已。

舉個例子來說，假設你的目標是想找到一分可以對社區居民福祉有所貢獻，又能更貼近你個人價值觀的新工作。轉換跑道是個讓人提心吊膽的決定。你的頭腦可能會因為恐懼而產生以下這些想法：「**如果我應徵不同地區的工作，但都沒人要請我怎麼辦？如果找到新工作，卻不曉得自己的工作到底在幹嘛，或是不喜歡新同事怎麼辦？如果要選擇跟我價值觀相符的工作，就必須犧牲高薪與優渥的福利，那我應該怎麼做選擇？**」這些恐懼完全是合理的，不過在上述這些基於恐懼所產生的想法當中，並沒有任何一種可以必然地證實

找新工作是個錯誤的決定。當你在面對令人望之生畏、會形成龐大壓力的任務，恐懼感也會油然而生，找新工作顯然就是這麼一種叫人懼怕的事情。而這就是目標規劃練習可以幫得上忙的地方。

目標規劃練習

　　以下練習可以幫助你在確定目標之後，開始朝著實現目標之路邁進。在思考過個人價值觀以及所重視的事物之後，請先找出一項你想要努力達成的目標。這項目標可以是須要花費很長時間才能完成的大計畫（例如寫一本書、重回校園進修、轉換工作跑道等），也可以是比較短期或是規模比較小的願望（例如在一個月內讀完一本書、參加一項新課程，或是每個星期去走訪一個新地點）。無論目標大小，所須採取的步驟都相同。

　　為了進行練習，我們就以前面提過想要找新工作以服務社區居民的例子來做示範。等講解完畢之後，請按照你自身

的想法選出一項目標，利用日記進行記錄，看看你能不能遵照下列步驟來實現目標。

　　第一步是要列出必要的行動步驟。這些是為了達成目標所必須做到的事。盡可能想出越多行動步驟越好，在頭腦打結或是靈光乍現時，把這些想法加進清單中。以這個例子來說，須要執行的行動步驟可能包括：

- 取得相關的志工經驗
- 整理個人履歷
- 嘗試跟某個從事相關職業的人建立人際關係
- 寄出三封求職信
- 研究目前有開出職缺、工作內容也吸引自己的公司

　　接著，請從中選出必須優先進行的行動步驟。舉例來說，假設你認為沒有相關的志工經驗就不可能得到想要的工作，那就應該從取得志工經驗開始著手。選好第一個行動步驟之後，請問問自己以下的問題：「我有辦法按照這個步驟

來採取行動嗎？換句話說，我知道要怎麼做才能完成這個步驟嗎？我了解我必須做什麼嗎？這個步驟跟我所想要完成的事情有關嗎？完成這個步驟對我來說是切合實際的嗎？」選定你想從何處開始著手之後，可能會須要擬定更多的行動步驟。譬如說，取得志工經驗也許是件大工程。你可能必須花心思和時間去計畫要如何將志工活動安排進忙碌的日常作息中，或是研究想要擔任哪種單位的志工。

　　把目標分成許多小步驟來進行。在了解須要採取的步驟之後，將這些步驟拆解成一件一件的小事，這麼一來，每當完成一件事，就能夠獲得成就感，激勵你邁向下一個步驟、再下一個步驟……如此不斷持續下去，直到達成目標。

🍃 往前邁進

　　身為一名對周遭世界及人事物反應極其靈敏的情緒敏感者，你能夠為他人帶來的貢獻多不勝數。你可以接收到其他

人所不知道的訊息，同時又富有同理心、好奇心與滿腔的熱情。用心去體認你的價值觀，努力實現目標，不僅僅是在幫助你自己，也是在造福他人。了解你的價值觀與目標是照顧好自己的重要元素，把自己照顧得越好，就越能夠向周圍的世界貢獻你的長才與天賦。在下一章中，我們將會繼續探討可以幫助你照顧好自己，以及盡可能使你擁有情緒復原力，好讓你能夠持續發揮敏感特質的各種方法。

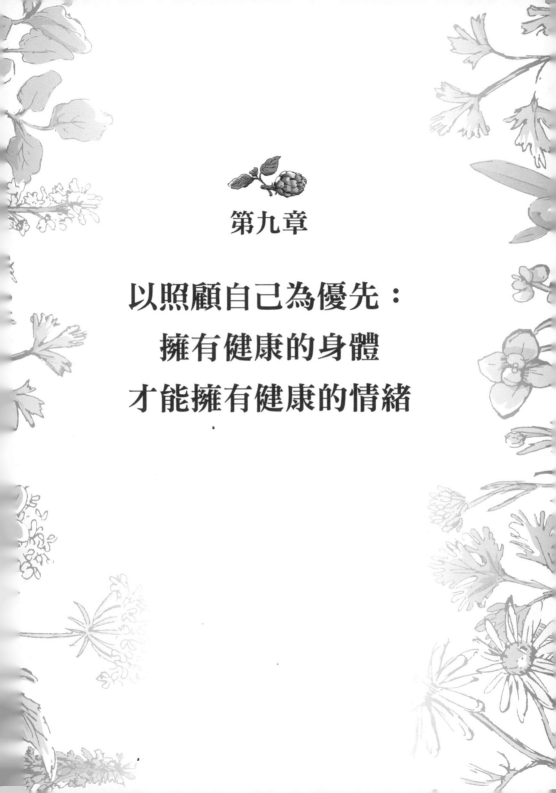

第九章

以照顧自己為優先：
擁有健康的身體
才能擁有健康的情緒

　　本章所要講述的主題，是你每天都在想，也每天都在做的事，那就是「照顧身體與維持健康」。雖然你已經敏銳地意識到這項職責與技能，我們還是要針對其中幾種重要的層面來進行探討，因為身體健康會嚴重影響到情緒健康。你可以把照顧自己的身體想像成是預防高度情緒反應及惱人情緒的附加保障措施。如果你有好好照顧自己的身體健康，你會很明顯地發現情緒調節變得比較容易。而你越容易調節自我情緒，就越容易發揮敏感的優勢，讓情緒為你加分，而不是扣分。

　　DBT特別要求人們注重以下這些方面的身體健康：飲食、運動、睡眠、避免服用會改變心情的藥物、按時回診治療生理疾病，以及積極主動地維持健康（Linehan 2014）。我們會針對以上各項來進行討論，不過身為專門治療異常飲食行為（disordered eating）的治療師，我對於飲食與運動方面有特別多的想法想要分享。異常飲食行為（以及物質濫用）與情緒敏感度之間有著強烈相關性。雖然不是每一位情緒敏

感者都會面臨物質成癮的問題，或是罹患飲食障礙症（eating disorder），然而會出現這些問題的人，絕大多數都是高敏感者。回憶一下本書前面幾章所提過的內容，也許你會發現，在情緒沸騰到讓你難以忍受或是無法克制時，你很容易會把食物或藥物當成是一種宣洩的管道。如果這就是你遇到的狀況，這一章的內容應該會特別有幫助。無論實際情況是否真是如此，花時間悉心照料自己的身體也是一種填滿情緒撲滿的方法，可以讓你在練習接納情緒而不是逃避面對情緒的時候，有更多情緒存款可供取用。在這一章裡，我們將會探討多種能夠幫助你照顧自我健康的策略，我也會協助你辨別及移除過去曾經妨礙你好好照顧自己的各種阻礙。

　　我把這一類適用於照顧身體健康的技能稱為「基本功」。這些東西不見得是多創新的概念，但是只要專心學習本章所教導的技巧，由此產生的漣漪效應將會使你更易於管理往後的人生。先把自己照顧好，就可以減少在第四章曾經談到的脆弱性因素（譬如說沒吃飽或睡太少都會使你變得更

易怒，發怒時的憤怒程度也會更加強烈）。再說，高敏感者受到脆弱性因素激發所產生的情緒可能也會比較劇烈。

伊蓮・艾融在她一九九五年出版的書中明確指出，HSP會比一般人更容易受到各種刺激源的影響。這些刺激源包含環境中的外在刺激（像是室內音量嘈雜或人來人往）、治療用藥、咖啡因、運動，以及我們體內所能感受到與察覺到的內在刺激。這就表示，HSP可能會比較容易受到飢餓感之類的因素影響。艾融在她的書中寫道：「要照顧好高敏感者的身體，必須像在照顧嬰兒一樣」（1995，第42頁）。我剛出生的兒子肚子餓或是想睡覺時，會毫不客氣地馬上讓我們知道。如果你曾經有機會跟新生兒相處，就會知道他們哭起來有多麼聲嘶力竭、多麼肝腸寸斷，彷彿他們已經餓到或是睏到全身發疼的地步。這些基本的生理需求須要我們小心地適應，並即時給予關注，因為寶寶對於這些需求的感覺很靈敏。你的需求也一樣，因為就如同艾融所說的：「飢餓，比方說是另一種來自身體內部的刺激。」而你對於這些刺激的

反應也很敏銳。儘管你很敏感，更正確地來說，正是因為你很敏感，所以更應該以對待嬰兒般相同的適應力和注意力去照顧自己，向內關照你的感受、情緒及需求，而不是逃避面對。

改善飲食及運動的觀念

　　你平常會花多少時間思考所吃下的食物以及運動習慣呢？你又是怎麼看待食物跟自己身體的呢？當你滿足自我基本需求的天生直覺及固有能力受到不良的影響，你與食物和身體之間的關係就很容易會變質。節食和飲食障礙症就是這方面常見的例子。在現代社會中，跟節食瘦身文化（diet culture）這個主題有關的書籍與職業數不勝數，而誠如營養師克里斯蒂·哈里森（Christy Harrison）所說，節食瘦身文化是「一種崇拜苗條的身材，把纖細的體態和健康與美德畫上等號的信念系統」（2018）。按照哈里森的話來說，節食瘦身文化是壓迫人的「生活小偷」。它引導大眾過分偏執地渴

望擁有「勻稱」的身材，使生活的其他領域變得黯淡無光、索然無味。若是要人們層層褪去與節食及身體形象等問題有關的創傷，可能要花上好幾年的時間。好消息是，幸好身體解放運動（body liberation）正在一點一滴地形成風潮，而在你修復自己與食物及身體間的關係時，也有充分的資源可以為你提供協助。請以開放的心態來開始這段療癒的過程，並根據你對飲食及運動所抱持的觀念，妥善評估什麼對你有幫助、什麼對你沒幫助，從容不迫地一步一步向前進。身為高敏感者即意味著，你對於節食瘦身文化及其壓迫所造成的影響也十分敏感，因此這段療癒的過程可能會顯得既漫長又曲折。

身為HSP的你在探討節食瘦身文化時所占的上風是，在你努力卸除節食瘦身文化對你造成的壓迫時，你本身擁有的熱情、敏感以及對自我價值觀的理解，都會帶給你正向的體悟。當你選擇擁抱真實的價值觀，而不是傻傻地依賴節食瘦身文化來帶領你前進，你所擁有的HSP天賦便能有機會盡情地發光發熱。哈里森之所以把節食瘦身文化稱為「生活小

偷」，其背後的涵義即意味著，它會致使你偏離自我價值觀及目標，阻礙你迎向「值得活的人生」。利用這一節內容所列出的練習，你不但可以更妥善地照顧好自己的身體，也能夠創造出更多空間來專注地認識你作為一名高敏感者所能為這個世界貢獻的一切。

直覺性飲食（Intuitive Eating）

　　我在接觸許多個案時都會推廣直覺性飲食，而我很慶幸它在過去幾年間廣受好評，儘管它其實是在一九九零年代中期就已經發展出來的飲食法。直覺性飲食是由兩位專業註冊營養師所設計的，它是整合了「本能、情緒與理性思維」，以實證為基礎的架構，它可以幫助你重新定義對飲食的態度，以及你應該如何滿足自己的基本生物需求（Tribole 2019）。直覺性飲食的設計宗旨是要拆解節食瘦身文化，它可以幫助你擺脫飲食的規則，讓你能夠更有彈性地去處理跟食物之間的關係，進而為生活創造更多自由與喜悅。假如你

不曾花那麼多時間去思考所吃下的食物和身材外型如何，你會把這些餘裕拿來經營哪些嗜好、興趣及目標呢？直覺性飲食可能特別適合身為HSP的你，因為它是憑藉著內感受去感知飢餓與飽足的生理線索，並依靠直覺來得知你想吃什麼。因此，另一個須要注意的重點是，直覺性飲食一般來說不太適用於正處在復原期的飲食障礙症患者，因為這些患者可能察覺不到身體所發出的飢餓與飽足暗示。對這類患者來說，與特別擅長此領域的治療師或營養師合作，可能會有幫助。

　　如先前討論過的，身為HSP的你可以透過練習，將內感受訓練成另一項利器，使其成為天性敏感、習於接受各種刺激的你所善於發揮的技能。簡而言之，採用直覺性飲食有助於顯著地矯正人們對待食物的病態觀念，尤其是對HSP來說，因為你擁有很強大的直覺能力。如果你希望了解更多資訊，可參閱《直覺性飲食》[1]一書第四版及其相關的練習手冊，那

*註 1：原文書名為《Intuitive Eating，4th Edition》，中文版尚未推出。

可以幫助你深入探索這些概念。

你可以問問自己以下這些問題，看看是不是對食物抱持著不正常的觀念：

- 是不是會花很多時間和心力去嘗試不同的飲食法？
- 是不是經常將食物「道德化」（例如，將特定食物區分為「好」食物或「壞」食物）？
- 是不是有很多飲食規則（例如，過了特定時間之後就不再進食，或是只吃多少量的食物）？
- 是不是非常擔心自己變胖？
- 曾經在肚子餓的時候刻意不吃飯或不吃零食嗎？
- 曾經不小心吃得過飽，或者是因為無聊沒事做而吃東西嗎？同樣地，是不是經常靠吃東西來幫助處理難過、害怕或生氣的情緒？

自我反思：請花幾分鐘的時間，透過寫日記的方式來想一想，目前在食物和飲食方面，有什麼令你感到不滿意的地方。舉例來說，假設你的日常生活作息非常忙碌，導致你經常延後吃點心與吃正餐的時間。仔細思考這一點時，也許你會注意到，這種情況會導致你更容易產生強烈的情緒，並且任由情緒逐漸地膨脹擴大。如果到了下午，你還沒吃到像樣的一餐，你會變得暴躁易怒，連帶地頭腦也會變得不大清楚。想要解決這個問題，可以先從哪一件事開始做起呢？簡單的做法就像是，在前一天晚上先打包好隔天要吃的食物，或是去買方便外帶、適合邊走邊吃，可以「拿了就走」的食物。事情也可能沒那麼單純，也許你須要先解決對於多吃一點所產生的潛在恐懼。請花一些時間好好思考這個問題。

再來，請想一想：當改善了你與食物之間的關係，你不必再花這麼多精神去擔心所吃下的東西，生活將能有更多空間去容納哪些新鮮的事物？你將可以比較容易利用哪一種HSP才能？

快樂動一動

快樂動一動是從直覺性飲食延伸而來的概念，可以幫助你修復與運動之間的關係。這個概念要求你把對運動的定義從上健身房或是進行傳統的例行性鍛鍊擴展出去，讓運動這件事帶給你的感覺除了能夠變得更有趣，也可以更具有全面性、更健康、更長久地持續下去。

大家都知道，運動對身體健康很重要，而且會明顯影響心情。事實上，有研究指出，規律運動提升心情的效果跟服用抗憂鬱劑一樣有效（Netz 2017）（不過說真的，如果你須要服用抗憂鬱劑，請按照醫生指示乖乖吃藥）。但是，當你

的例行鍛鍊和健身時間開始支配你的生活，抑或是當你太過執著於花時間踩踏步機，以至於使得運動變得像是一種懲罰或是無趣的雜活，那會怎麼樣呢？請捫心自問，你是不是有想過要藉由運動來「彌補」吃進體內的食物？有這種想法是無法長久維持運動習慣的，對心理健康也不好。活動身體應該是一種令人開心、暢快的體驗，是要以你的價值觀和興趣為基礎，而不是以恐懼或節食瘦身文化為基礎。特別是對於創意力強、生性容易受到多種興趣吸引的HSP來說，快樂地動一動會使生活變得更美好。

身體本來就是要用來活動的，等你修正了看待運動及身體活動的想法後，你甚至有可能發現，身體其實很渴望能動一動。快樂動一動這個概念所具備的一項好處是，它適用於各種不同體態的人，而且涵蓋非常多種類型的活動，幾乎所有人都可以練習。以下是你可以考慮快樂動一動的幾種例子：

- 練習椅子瑜珈
- 開個舞曲派對

- 丟飛盤
- 上滑雪課或滑雪板課
- 健行
- 散步
- 騎腳踏車
- 做園藝
- 玩任天堂Wii遊戲機
- 陪狗狗玩耍
- 陪小孩玩樂
- 參加武術課
- 騎馬
- 去湖邊游泳或跳水

　　你想要怎麼活動身體不是重點，重要的是必須活動身體。所以，請找出某一項能讓你覺得開心、能帶給你活力，並且願意持續做下去的活動。請發揮你身為HSP的熱情，去

找到喜歡做的事。再來，如果你因為身體的限制而很難保持
運動習慣，或是由於節食瘦身文化而導致你對運動養成錯誤
的觀念，有一個很棒的資源可以幫助你重建與運動之間的關
係，那就是Joyn。Joyn是一個虛擬平台，專門為各種體型、身
材及體能水準的人提供運動示範影片與例行鍛鍊課程。你可
以在他們的YouTube頻道上找到相關的影片。此外，你也可以
向信任的治療師或教練尋求協助，或是邀請朋友跟你一起練
習快樂地動一動。

自我反思：你最近跟運動之間的關係怎麼樣？是幾乎沒有
在運動？還是已經運動到近乎癡迷的地步，行事曆都快被
健身行程給占滿了？抑或是處在這兩種極端狀態的中間地
帶？當你想到運動和活動身體，心裡會出現什麼感覺？你
認為要做出什麼樣的改變，才可以讓運動成為一件更令你
開心、更容易持續下去，也更符合你的價值觀、興趣與目
標的事情？

🌿 藥物與酒精

　　身為高敏感者意味著，你在接觸到任何會改變心情的物質，或是任何類型的刺激時，會表現得比一般人還要敏感。這些刺激的來源包括娛樂性藥物、酒精、咖啡因及治療用藥。如果你的目標是想要能更輕鬆地處理情緒，而不是要情緒來跟你作對，或是把敏感視為累贅，你就應該好好檢視自己跟藥物與酒精之間的關係。這些物質可能會妨礙你跟情緒保持友好的關係，而這將取決於你是如何使用這些物質的，因為它們會徹底改變你對情緒產生的感受，也會對整體健康造成影響。

　　眾所周知，藥物和酒精會影響心情。酒精是一種抑制劑，也許你曾經注意到，在喝了酒之後，心情會莫名惆悵，就像在喝了含咖啡因的飲料或是服用特定藥物之後，焦慮感會陡然竄升一樣。這會阻礙你運用本書截至目前為止所介紹過的幾項技巧。焦慮和憂鬱會編造各種各樣的謊言，狡詐地

騙取我們的信任，並將我們的腦子塞滿各種感覺起來十分真實、但終究是來自於情緒而非根源於事實的荒謬想法。服用抑制劑或興奮劑會致使你往下陷得更深，更難運用DBT的情緒描述模型等技巧來擺脫這種狀態。此外，當這些物質對身體健康構成的損害越大，整體感受就會越差，這也將會影響你在面對艱難情況時妥善處理問題的能力。這會形成一種惡性循環。

以上所說的這些，絕非道貌岸然的謬論，因為我自己也喜歡偶爾小酌兩杯。我也經歷過為了更輕鬆地調節心情、想要對周遭事物保持警醒與意識，或者是為了努力照顧好自己的身體健康，而決定暫時不喝酒。也有一些人是因為曾經經歷過與飲酒有關的不幸家族史與創傷而選擇不要喝醉。有太多、太多的原因促使人們決定改變他們跟藥物或酒精之間的關係，如果你覺得這麼做對你是好的，就應該考慮做出有助於實現這個目標的改變。當然，這件事情不是那麼容易辦得到，如果有需要，可以請求專家協助。假如你已經習慣依賴

酒精，要戒酒可能非常困難，須要借助專門機構的協助。跟藥物與酒精有關的小問題，可以借助簡單的方法及輕微的調整來解決，但是當問題並不只是小問題，請不要對自己強加期望和壓力，不要勉強自己單憑本節末尾的自我反思就能成功做出轉變。

面對洶湧、煎熬的情緒，你可能會想要透過速效型解決方案（例如前述各種物質）來幫助管理這些情緒，這是很合理的。當敏感讓你覺得排山倒海、難以負荷，你當然會想要利用手邊隨時能夠取得的資源來讓自己好過一點。但是，縱使敏感會為你製造麻煩，也不代表它就是件壞事。你永遠有機會嘗試練習使用其他更有效的技巧來管理沸騰的情緒，唯有如此，你才能夠開始發掘它們帶來的禮物。

自我反思：假如你有在使用前述任何一種物質，請問哪一種物質對你的心情或整體健康造成的影響最大？你怎麼知道它有造成影響呢？你有設下任何目標要改變跟這種物質之間的關係嗎？如果有，在這一週內，你可以做出什麼微小的改變來去達成這項目標呢？

睡眠

睡覺是我們每天都會做的事，也是維持人體心理健康和身體健康的核心要素。睡眠可以修復身體的肌肉和細胞，增強免疫系統，還能幫助大腦處理記憶和情緒。你一定有過因為睡眠不足而容易情緒激動的經驗。許多人常常忽略睡眠的重要性，每個人都曾經有過捨不得去睡或是寧可犧牲睡眠時間去做其他事情的時候。規律地維持良好的睡眠品質，不是你會去追求的事情，差得可遠了。但是只要你可以持之以

恆，逐步、小幅地改善睡眠，在遭遇到艱難的情況，準備運用擁有的技能來解決問題時，你會更能夠善加對待情緒，並發揮敏感的天賦。

睡眠衛生（sleep hygiene）指的是一系列可以幫助改善睡眠的行為與環境變化，包括：

- 睡覺時保持臥室燈光全暗
- 睡前三十到六十分鐘不使用任何電子產品
- 建立一套例行性的睡前緩和儀式
- 保持臥室溫度涼爽
- 白天適度活動身體與接受日照
- 避免在太晚的時間攝取咖啡因及小睡補眠

想一想：在這分清單當中，有沒有哪一種做法是你還沒試過，又可以馬上開始練習的呢？即使一週只能嘗試一個晚上也好，這項改變會如何改善你的心情及整體幸福感呢？假如你經常實踐以上這些習慣，卻還是深受睡眠問題所擾，請

與醫師洽談，或許可以考慮接受睡眠檢查，讓專業人員詳細評估你的睡眠情況。

🍃 你的健康不等於你的價值

　　每個人總有一天會面臨到健康方面的問題，這是無可避免的。這是活在這副會腐朽、會凋零的人類軀殼之內必然的結果。這感覺像是某種缺陷，即使事實並非如此，然而健康情況不佳確實會影響到生活中的其他領域，使你難以善待情緒。要照顧好自己本來就不容易，更何況再加上健康問題，這必然會是個天大的挑戰。請記住，要維持生活的平衡，在努力照顧自己身體的時候，不要掉進過度追求健康飲食的陷阱，不要逼迫自己超越體能的極限，也不要盲目地追求完美主義。追求完美主義會導致生活中的其他領域變得單調枯燥，讓它們失去光彩。然而，絲毫不去嘗試本章所介紹的練習也會摧毀你的活力，令你無精打采。請試著讓這個改變

的過程為生活增添色彩，而不是榨乾生活中的養分。請以溫
和、親切的態度對待自己。要知道，你到目前為止所養成的
習慣，都是在過去那些拚命討生活的日子裡基於某些原因所
養成的。我們很容易因為一時貪快而依賴權宜之計，比如藥
物或酒精等物質，或是異常的飲食行為，來幫助自己度過難
關，對HSP來說更是如此。雖然要選擇運用其他有益的技巧，
有時候就短期來看會比較困難，但是長期下來，那終究會變
得比較容易，因為心理狀態和身體健康都會獲得改善。

自我反思：請仔細想想在身體健康方面，有哪些部分是你
覺得能夠掌握的，又有哪些部分是必須更集中心思去努力
的呢？有什麼事情在阻礙你去注重這些部分嗎？有哪些層
面是你須要更加努力去維持平衡的呢？有什麼事情在妨礙
你取得平衡嗎？

🍃 往前邁進

在緩慢、逐步、和藹地為自己做出改變的同時,要知道,對大多數人來說,想要建立新習慣是很困難的,而身為HSP的你,在面對改變時可能也很敏感。唯有透過逐步的努力,才能做出可長久維持、對未來的自己有益的改變。

你的敏感及其帶來的優勢是協助你進行本章練習的助力。你是很有創意的,而且可以運用這些創意來構思應該如何照顧自己的身體。要追求創意,不要追求完美主義,請學習運用創造力來享受食物,在探索自己的熱情及興趣所在時,請試著從創意的角度去思考,對你來說何謂快樂地動一動,以及應該怎麼做,才能讓身體感到充滿活力與備受關愛。你的敏感也使你具備了協調情緒的能力,讓你能夠更有技巧地練習在這本書裡所學到的技能。別忘了,情緒所能帶來最棒的禮物之一,就是那些與你需求有關的寶貴訊息及資訊。請用心去感受情緒試圖傳達的訊息,並利用這些資訊來

滿足身體和心靈在當下所需的一切。學習了解生理及情緒需
求，是另一種練習發揮敏感天賦的方式。

結語

長期進行情緒調節，
迎接更快樂的人生

　　我寫這本書的主要目的之一，是希望能幫助你掌握身為情緒敏感者所具有的能力。敏感為你帶來了豐富的才華及優點，等待著你去發掘。你的創造力、專注力、熱情、直覺，以及深刻的感受力與洞察力，可以為這個世界和身旁的人帶來滿滿的貢獻。這些優點將會幫助你成就大事。你的敏感與深厚的情感也蘊藏著智慧。有時候，我們須要獲得一點額外的支持和指引，才會懂得去聆聽智慧的聲音。我希望，這本書所介紹的DBT技巧可以提供這樣的支持。

　　假如你可以友善地對待情緒，並且將情緒的劇烈起伏視為一項優點，你就能開始看見情緒捎來的各種贈禮。即使是最令人痛苦難耐的情緒，例如悲傷、憤怒或罪惡感，也會帶來禮物，因為它們能讓你明白什麼是你真正重視的，它們甚至也能激勵你、鼓舞你。情緒會告訴你，你現在需要的是什麼，以及接下來要往哪裡去。逃避面對情緒，或是強忍壓抑情緒，只會導致情緒透過其他管道爆發。情緒是你的盟友，它們是為了幫助你才會試著與你聯繫。越能夠把情緒當成禮

物，越願意接納它們，就越容易跟情緒交朋友，與它們攜手合作，而不會覺得情緒是在扯後腿。一旦你開始這麼做，未來總有一天會有收穫。當你越來越能夠了解情緒試圖告訴你的訊息，痛苦的情緒就會漸漸地變得沒那麼強烈，或者是持續得沒那麼久，你會覺得比較輕鬆，也更有辦法忍受它。你與他人的關係會變得更加融洽，也會變得比較善於利用文字或語言來敘述自己的經驗，或是懂得在無法借助文字或語言來說明的時候，用心去感受身體的感覺。你從這本書中學到的技巧會變得更得心應手。當這些事情變得簡單，你的自信心便會成長，你也將會更清楚地知道，情緒敏感度是上天賜給你的禮物，是一種超棒的超能力。

　　我對你的另一項期望是，在運用這本書所教會你的技巧時，抑或是在改變你對待情緒，以及與周遭世界互動的方式時，可以懂得自我疼惜，仁慈地對待自己。身為情緒敏感者是很辛苦的，這項特質有時候並沒有充分地獲得賞識，甚至會受到輕視。也許在你拿起這本書的時候，你對於要如何利

用敏感來幫助自己感到有點懷疑，但又覺得好奇。擁有這種好奇心是很棒的開始，因為它會讓你不斷地學習。學習認識自己與情緒的過程是一條不間斷的路，沒有確切的盡頭。遇到新挑戰時，難免會遭遇問題與挫折。為了繼續努力，並長期持續練習這些技巧，你必須對自己釋出一些善意與同情。不要忘記自我認可的技巧，也別忘了你應該追求的是進展，而不是完美，如此才不會使這個過程變得更加困難。

　　你的敏感對其他人來說是一分禮物，它是你所擁有的超能力，所以，請帶著信心迎向未來吧。

謝辭

　　我要感謝喬治亞・科利亞斯（Georgia Kolias）在過去幾年間對我的耐心指導與支持，幫助我成為了一名作家。感謝維克拉吉・吉爾（Vicraj Gill）協助將這本書塑造成形，並提供寶貴的意見回饋。感謝New Harbinger出版社其餘的團隊成員為了這本書的誕生所付出的一切辛勞。感謝潔米・卡斯蒂羅（Jaime Castillo）在專業方面給我的指導與提點，陪我走過許多職業生涯的里程碑。感謝「找回你的風采（Find Your Shine）」診所的其他職員們，沒有比你們更好的同事和朋友了。我也要感謝我的個案們願意如此信任我，讓我能夠做我夢寐以求的工作，我從他們身上學到的東西遠比我所能教導他們的還多。感謝我的父親，多年前位於紐約布魯克林的勞爾出版社是我邁向作家之路的起點。感謝我的母親，從小到大一直不斷鼓勵我，讓我相信我有能力擁有我所追求的一

切。我想告訴伊里希（Erich）：「我非常愛你，你帶給我好多好多的快樂。」我要謝謝其餘的每一位家人，謝謝他們無盡的支持與愛護。在我設法能連續睡上兩小時，並且努力完成本書終稿的期間，我媽和我婆婆兩個人給了我們大力的支持，把家中的新生兒照顧得很好。我想對崔維斯（Travis）說：「這麼多年來，我們給了彼此好多的愛，一起經歷了好多的冒險，我會永遠感謝你為了我，還有為了我們這個小家庭所做的一切。」最後，我想感謝艾略特（Elliott）：「是你讓我的美夢成真。謝謝你讓我成為了一位母親。」

參考文獻

Aron, E. 1995. The Highly Sensitive Person: How to Thrive When the World Overwhelms You. New York: Three Rivers Press.

Feldman Barrett, L. "Try These Two Smart Techniques to Help You Master Your Emotions." Ted, June 21, 2018. https://ideas.ted.com/try-these-two-smart-techniques-to-help-you-master-your-emotions.

Harrison, C. "What Is Diet Culture?" Christy Harrison (blog), March 8, 2019. https://christyharrison.com/blog/what-is-diet-culture.

Kashdan, T. B., L. Feldman Barrett, and P. E. McKnight. 2015. "Unpacking Emotion Differentiation: Transforming Unpleasant Experience by Perceiving Distinctions in Negativity." Current Directions in Psychological Science 24(1): 10–16. https://doi.org/10.1177/0963721414550708.

Linehan, M. M. 1993. Cognitive-Behavioral Treatment of Borderline Personality Disorder. New York: Guilford Publications.

———. 2014. DBT Skills Training Handouts and Worksheets, 2nd ed. New York: Guilford Publications.

McKay, M., J. C. Wood, and J. Brantlee. 2019. The Dialectical Behavior Therapy Skills Workbook, 2nd ed. Oakland, CA: New Harbinger Publications.

Netz, Y. 2017. "Is the Comparison Between Exercise and Pharmacologic Treatment of Depression in the Clinical Practice Guideline of the American College of Physicians Evidence-Based?" Frontiers in Pharmacology 8: 257. https://doi.org/10.3389/fphar.2017.00257.

Siegel, D. J. 2012. The Developing Mind: How Relationships and the Brain Interact to Shape Who We Are, 2nd ed. New York: Guilford Press.

Tribole, E. "Definition of Intuitive Eating." Intuitive Eating. July 17, 2019. https://www.intuitiveeating.org/definition-of-intuitive-eating.

University of British Columbia. "How Your Brain Reacts to Emotional Information Is Influenced by Your Genes." ScienceDaily. Accessed December 6, 2021. http://www.sciencedaily.com/releases/2015/05/150507135919.htm.

國家圖書館出版品預行編目資料

高敏感是種超能力 : 疼惜自我,與情緒做朋
　友,善用與生俱來的天賦/ 艾瑪.勞爾(Emma
　Lauer)作 ; 石一久譯. -- 初版. -- 新北市 : 世
　茂出版有限公司, 2024.04
　　面 ; 　公分 . -- (心靈叢書 ; 23)
　　譯自 : DBT skills for highly sensitive people:
make emotional sensitivity your superpower
using dialectical behavior therapy
　　ISBN 978-626-7172-97-1(平裝)

　1.CST: 心理治療 2.CST: 行為治療法
　3.CST: 情緒

178.8　　　　　　　　　　113000539

心靈叢書23

高敏感是種超能力：疼惜自我，與情緒做朋友，善用與生俱來的天賦

作　　　者 / 艾瑪・勞爾（Emma Lauer）
譯　　　者 / 石一久
主　　　編 / 楊鈺儀
封面設計 / 林芷伊
出 版 者 / 世茂出版有限公司
地　　　址 / (231)新北市新店區民生路19號5樓
電　　　話 / (02)2218-3277
傳　　　真 / (02)2218-3239（訂書專線）
劃撥帳號 / 19911841
戶　　　名 / 世茂出版有限公司
　　　　　　 單次郵購總金額未滿500元（含），請加80元掛號費
世茂官網 / www.coolbooks.com.tw
排版製版 / 辰皓國際出版製作有限公司
印　　　刷 / 世和彩色印刷股份有限公司
初版一刷 / 2024年4月

I S B N / 978-626-7172-97-1
E I SBN / 9786267172957 (EPUB) / 9786267172964 (PDF)
定　　　價 / 400元